Políticas públicas
para radiodifusão e imprensa

| Octavio Penna Pieranti |

Políticas públicas
para radiodifusão e imprensa

ISBN — 978-85-225-0606-4

Copyright © Octavio Penna Pieranti

Direitos desta edição reservados à
EDITORA FGV
Praia de Botafogo, 190 — 14º andar
22250-900 — Rio de Janeiro — Brasil
Tels.: 0800-21-7777 — 21-2559-5543
Fax: 21-2559-5532
e-mail: editora@fgv.br — pedidoseditora@fgv.br
web site: www.editora.fgv.br

Impresso no Brasil / *Printed in Brazil*

Todos os direitos reservados. A reprodução não autorizada desta publicação, no todo ou em parte, constitui violação do copyright (Lei nº 9.610/98).

Os conceitos emitidos neste livro são de inteira responsabilidade do autor.

1ª edição — 2007

EDITORAÇÃO ELETRÔNICA: FA Editoração Eletrônica

PREPARAÇÃO DE ORIGINAIS: Luiz Alberto Monjardim

REVISÃO: Aleidis de Beltran e Marco Antonio Corrêa

CAPA: Adriana Moreno

Ficha catalográfica elaborada pela Biblioteca
Mario Henrique Simonsen/FGV

Pieranti, Octavio Penna
  Políticas públicas para radiodifusão e imprensa: ação e omissão do Estado no Brasil pós-1964 / Octavio Penna Pieranti. — Rio de Janeiro : Editora FGV, 2007.
  140p.

  Originalmente apresentado como dissertação do autor (mestrado) — Escola Brasileira de Administração Pública e de Empresas, Centro de Formação Acadêmica e Pesquisa, 2005.
  Inclui bibliografia.

  1. Governo e imprensa — Brasil. 2. Imprensa e política — Brasil. 3. Radiodifusão — Aspectos políticos — Brasil. 4. Televisão e política — Brasil. I. Fundação Getulio Vargas. II. Título.

CDD-070.44932

Este livro é dedicado a todos aqueles que acreditam no caráter crucial do Estado, das políticas públicas e de meios de comunicação independentes para a construção diária da democracia.

Sumário

Prefácio   9
Valério Cruz Brittos

Introdução   15

Capítulo 1 — Imprensa e democracia   21

Capítulo 2 — A reforma das comunicações   37
    Os executores da reforma   42
    A reforma legal   48
    Censura como política de Estado   52
    A reforma das estruturas   60

Capítulo 3 — As comunicações na Nova República   71
    A Constituição Federal de 1988   74
    A política de distribuição de concessões   82

Capítulo 4 — Crise   91
    O Ministério das Comunicações   93
    Problemas   98
    Soluções   102

Capítulo 5 — Considerações finais   113

Bibliografia   121

Anexo 1 — Alguns vetos do presidente João Goulart ao Código Brasileiro
de Telecomunicações (CBT) — Lei nº 4.117/62   129

Anexo 2 — *Manual de comportamento* recebido pelos órgãos de
imprensa no Rio de Janeiro em 13 de dezembro de 1968   133

Anexo 3 — *Manual de comportamento* recebido pelos órgãos de
imprensa em São Paulo em 13 de dezembro de 1968   135

Anexo 4 — Emissoras de rádio e de televisão existentes no Brasil,
segundo dados do IBGE e do Ministério das Comunicações   137

Prefácio

*Valério Cruz Brittos**

A reflexão e o debate sobre políticas públicas de comunicação são sempre pertinentes. Quando essas duas coisas se conjugam num mesmo estudo, a importância dele cresce. É o que ocorre com *Políticas públicas para radiodifusão e imprensa: ação e omissão do Estado no Brasil pós-1964*, onde se faz essa combinação, levando também em conta a complexidade do tema nos tempos atuais de capitalismo global, políticas neoliberais e democracia representativa, com suas fissuras e múltiplas conseqüências. Assim, neste prefácio à obra de Octavio Penna Pieranti, cabe destacar inicialmente a qualidade do texto e sua capacidade de situar o problema, iluminando o empírico com o teórico, como se pode constatar ao longo das páginas seguintes, que compõem um quadro analítico indispensável para pesquisadores de vários campos de estudo, especialmente comunicação, administração, ciência política, ciências sociais e economia.

A partir da administração pública, mas transcendendo-a e aproximando-se muito dos estudos de políticas de comunicação (mais do que um objeto, um

---

* Professor do Programa de Pós-Graduação em Ciências da Comunicação da Universidade do Vale do Rio dos Sinos (Unisinos) e doutor em comunicação e cultura contemporâneas pela Faculdade de Comunicação (Facom) da Universidade Federal da Bahia (UFBA). É presidente do capítulo Brasil da União Latina de Economia Política da Informação, da Comunicação e da Cultura (Ulepicc), editor da *Eptic On Line — Revista Electrónica Internacional de Economía Política de las Tecnologías de la Información y Comunicación*.

olhar específico sobre a realidade comunicacional), este livro discute a relação do Estado com a mídia, encarada como um domínio submetido a variáveis diversas, condição manifesta por sua origem e desenvolvimento. Note-se, entretanto, que se trata de um acoplamento, onde as indústrias culturais conformam e são conformadas. Na verdade, o papel relevante da comunicação neste estudo coaduna-se com a trajetória de seu autor, que enveredou para estudos relacionados com o posicionamento do ente estatal — como doutorando e, antes, como mestre em administração pública pela Escola Brasileira de Administração Pública e de Empresas da Fundação Getulio Vargas (Ebape/FGV) — somente após concluir sua formação em jornalismo pela Escola de Comunicação da Universidade Federal do Rio de Janeiro (Eco/UFRJ).

Fonte importante para os estudos das políticas de comunicação, este livro faz um prodigioso aproveitamento bibliográfico acerca da temática, conectando várias disciplinas. Ressalte-se a capacidade do autor para a sistematização dos dados, apresentados com notório rigor metodológico, no que este tem de melhor: a explicitação dos procedimentos. Sem querer apresentar um mapa de leitura, já que esse é um exercício que cada leitor deve fazer por si, confrontando sua formação e expectativas, vale destacar alguns pontos que podem servir como porta de entrada, no sentido de uma das muitas possibilidades de leitura, de reflexão e, a partir daí, de novas investigações. Assim, constata-se que a mídia é influenciada pelo poder e também o influencia — um processo, portanto, caracterizado por seu caráter bidirecional, se bem que assimétrico. Isso parece óbvio, mas a hegemonia no campo propõe, no final, uma mídia superestimada, que tudo pode e tudo faz, como se não refletisse as relações de poder que demarcam a sociedade.

O debate central do livro inscreve-se naquilo que este pesquisador vem caracterizando como barreira *político-institucional*, delimitações (decorrentes de atuações dos órgãos executivos, legislativos e judiciários e suas unidades geopolítico-administrativas) que contribuem decisivamente para a oligopolização dos mercados comunicacionais, devido à regulamentação. Trata-se da criação de barreiras à entrada articulada no âmbito da economia política da comunicação, incorporando-se o referencial das estruturas de mercado, o que não exclui o diálogo pontual com outras contribuições, no mesmo rumo de busca do diálogo interdisciplinar desenvolvido por Pieranti nesta obra. A barreira *político-institucional*, ao lado da *estético-produtiva*, relacionada com padrões tecnoestéticos, compõe as bases de análise das dinâmicas concorrenciais nos mercados audiovisuais em geral. "Para que a regulamentação transforme-se em barreira político-institucional é necessário que se traduza em posição que garanta ao agente econômico lugar privilegiado na disputa, dificultando a outros atores ingressarem ou crescerem no mercado".[1]

O ponto de origem, então, é a vitória regular em processo de disputa decidido por instâncias governamentais ou relações privilegiadas com tais organismos, mas a ligação pode dar-se ainda indiretamente, sendo a situação alcançada por intermédio de negociação com alguma companhia que conquistou uma decisão do Estado, o qual, nesse caso, participa por esse procedimento, bem como por permitir seu repasse. Esse tipo de barreira relaciona-se diretamente com o alcance "de posições diante de determinantes político-institucionais, tendo em vista suas atribuições de edição de diplomas legais, decisões em processos e atos administrativos, poder de polícia e procedimentos em geral", o que engloba investimentos em infra-estrutura, "regulação da concorrência, concessão de serviços e opções frente à pesquisa e à tecnologia".[2] As implicações positivas do papel do Estado, para uma organização específica, podem também derivar de movimentos que prejudiquem outras companhias, impedindo empresas que já estão no mercado de ampliarem suas posições porque, por exemplo, possuem operações insuficientes para atingir toda a área-alvo ou parte significativa dela.

A apreciação crítica da regulamentação acerca da radiodifusão e da imprensa desvenda um conjunto de textos que poucas obrigações sociais impõem às corporações, denotando relações político-institucionais marcadas pela larga influência do poder econômico. A legislação em geral não traduz uma verdadeira pretensão controladora de estabelecer ao privado imposições favorecedoras do público. É justamente por essa permeabilidade dos agentes estatais às suas demandas que o empresariado tem buscado na arena regulatória ganhos que beneficiem seus negócios, o que tem sido facilitado porque os espaços de articulação mostram-se pouco pluralistas. Tal quadro altera-se pouco na contemporaneidade, comprovando que não há neutralidade do Estado, em face dos imperativos da globalização. Historicamente as leis tendem a acolher os propósitos concentradores da iniciativa privada, o que não é privilégio destes tempos atuais, de difícil mobilização contra medidas que sigam a cartilha neoliberal. No período da ditadura militar que dominou o Brasil, havia uma aparente divergência entre radiodifusores e atores públicos; nos assuntos essenciais, todavia, a dissintonia

---

[1] Brittos, 2004:33.
[2] Id., 2003:11-12.

dava lugar a uma convergência, o que permitiu a formatação do oligopólio identificado especialmente na televisão, com a liderança da Rede Globo.

A atuação do Estado como regulamentador é, pois, o foco deste livro, que tem como origem a dissertação de mestrado em administração pública obtido pelo autor na Fundação Getulio Vargas. Essa intervenção do ator estatal nos setores midiáticos é completada por seu desempenho como agente econômico direto, traço atenuado na contemporaneidade, quando as políticas neoliberais impelem o Estado a afastar-se da gestão de companhias, dando espaço aos capitais através de processos de privatização e aberturas generalizadas que, dessa forma, servem de condição para a plena realização da globalização acelerada, nos marcos desse capitalismo tardio. No Brasil, essa segunda função do Estado raramente ressoa nos mercados, por existirem insuficientes canais públicos, proporcionalmente aos privados. Além do mais, os poucos existentes não chegam a incidir mercadologicamente, no sentido de trazer lógicas mais públicas aos processos midiáticos, já que sua baixa audiência implica mínima repercussão de sua programação. O setor público televisivo fica em permanente crise, embora em situação diferente daquela (ainda) enfrentada atualmente pelos grupos privados, como bem retrata o autor. A crise é do modelo criado pelos radiodifusores, que muitas vezes tiveram visão paroquial de seus próprios negócios.

É digna de menção a amplitude do período aqui estudado, abrangendo mais de 40 anos da comunicação. Podemos constatar que, mesmo passado o período ditatorial, os problemas não se atenuaram. Certamente acentuaram-se, pois é cada vez maior a importância da mídia junto à economia, à política e à sociabilidade num cenário em mutação acelerada, em que novos desafios e demandas se reproduzem. Isso numa época em que, como foi dito, uma das principais características do sistema capitalista é a mudança do papel do Estado, que se distancia da posição de empresário e altera qualitativamente a regulamentação (o que não significa sua eliminação ou substancial redução), redirecionando-a para o fortalecimento dos mercados e as privatizações. Uma das características desse novo tempo histórico é o retrocesso das políticas públicas, sendo a maioria das alternativas denunciadas como censura por parte dos empresários, como se eles não exercessem controle sobre aquilo que é publicizado, envolvendo panoramas políticos, demandas, reivindicações, identidades e expressões artísticas, com distanciamento dos interesses públicos.

Nesse quadro, um sério empecilho ao controle comunicacional mais efetivo por parte do Ministério das Comunicações (Minicom) é que esse organismo quase não trata de conteúdos, nem dispõe de profissionais habilitados para tal, como é lembrado neste livro. O próprio autor, acertadamente, fornece pistas para que os maiores interessados, os usuários dos meios, assumam um papel preponderante, destacando que "um maior controle sobre esse processo passaria pela abertura de novos canais de fiscalização, operados por atores sem interesse pessoal no tema, como, por exemplo, setores da sociedade civil". Essas trilhas emergem com o equacionamento do problema de pesquisa, obtendo-se contribuições que vão além dele e que abarcam um conhecimento mais profundo do passado e do presente da regulamentação da radiodifusão e da imprensa, mostrando como os militares prepararam-se para assumir as comunicações no país, o que redundou, como é sabido, na militarização da formação do Minicom. No entanto, se hoje as liberdades são reconhecidas, a democratização não se concretizou totalmente, justo porque os instrumentos legais nem sempre criam políticas (falta planejamento) públicas (impera o interesse privado) democráticas (não são comprometidas, no processo e no resultado, com a maioria da população).

O livro de Octavio Penna Pieranti leva a várias reflexões, sendo a principal a seguinte: é possível resolver os problemas estruturais da falta de democratização das comunicações no Brasil com políticas públicas estabelecidas nos marcos do capitalismo? Não, mas pode-se atenuar o problema com ações que incidam especificamente sobre questões como concentração da propriedade, controle público dos atos de midiatização, regionalização dos conteúdos, terceirização de programação, cessão de horário a atores não-hegemônicos e financiamento da comunicação alternativa. Para encaminhar a questão é preciso, preliminarmente, um conhecimento profundo da extensão das dificuldades que caracterizam as comunicações no Brasil. É nesse sentido que *Políticas públicas para radiodifusão e imprensa: ação e omissão do Estado no Brasil pós-1964* adquire maior relevância, inclusive como subsídio para que, além da comunidade acadêmica, a sociedade civil disponha dos elementos necessários para poder participar das definições, bem como acompanhar a sua implementação, já que a aprovação de documentos com força legal não é suficiente para se avançar em algum ponto. O círculo se fecha com o controle das execuções.

Referências

BRITTOS, Valério Cruz. Oligopólios midiáticos: a televisão contemporânea e as barreiras à entrada. *Cadernos IHU Idéias*, São Leopoldo, n. 9, p. 1-22, 2003.

_____. Televisão e barreiras: as dimensões estética e regulamentar. In: JAMBEIRO, Othon; BOLAÑO, César; BRITTOS, Valério (Orgs.). *Comunicação, informação e cultura:* dinâmicas globais e estruturas de poder. Salvador: Edufba, 2004. p. 15-42.

Introdução

Desde a criação das primeiras publicações jornalísticas no Brasil, a imprensa mantém sólidas relações com o poder público. Ora comandados e financiados pelos governantes, ora por eles vigiados, jornais e jornalistas brasileiros conviveram, na prática, muito pouco com a liberdade de imprensa, conceito sempre vinculado a interesses, interpretações pouco claras e restrições. Durante séculos o direito de informar terminava no momento em que confrontava a segurança nacional, os bons costumes ou a moral.

A imprensa, porém, nem sempre aceitou a censura e outras medidas coercitivas que a atingiram. Valendo-se de brechas legais ou do poderio de seus veículos, empresários do setor impuseram suas idiossincrasias ao cenário político. Das pressões de Chateaubriand ao posicionamento assumido diante dos governantes da Nova República, passando por colaborações com o Estado Novo e ligações com os golpistas de 1964, a imprensa interferiu no jogo político brasileiro.

A ligação íntima entre poder público e imprensa não se restringiu ao campo político. Mesmo no sistema republicano, órgãos teórica e oficialmente independentes, graças à atuação de seus donos, obtiveram empréstimos bancários, compra adicional de espaço publicitário e favorecimento em financiamentos públicos para sanar suas dívidas — recorrentes nesse setor no Brasil —, normalmente de forma escamoteada ou pouco exposta. Do Brasil de Deodoro da Fonseca ao do regime militar da segunda metade do século XX, a opressão política e o domínio econômico sobre a imprensa davam ao chefe do Poder Executivo poder incomparável. Na Nova República, quando, graças à Constituição Federal de 1988, a liberdade de imprensa foi ampliada e redefinida, a força econômica do poder público, ainda assim, continuou a ser usada como mecanismo de pressão eficiente.

No século XXI, a relação econômica entre os dois atores foi redimensionada. O aumento das dívidas dos meios de comunicação, virtualmente impagáveis e em crescimento exponencial, as demissões em massa no setor e o fechamento de inúmeros postos de trabalho fizeram com que governo e empresários iniciassem a discussão sobre um amplo e oficial programa de financiamento estatal, por intermédio do BNDES, de cifras jamais vistas na história da comunicação social no país. Sobreviveria o conceito de liberdade de imprensa, tão amparado em outro, o de independência, com tamanha ajuda do poder público?

Essa relação entre Estado e meios de comunicação, marcada sobremaneira por relações oficiosas ou, ao menos, pouco claras, foi determinante para o estabelecimento de políticas públicas voltadas para os setores de imprensa e de radiodifusão. Pode-se questionar a natureza dessas políticas. Pode-se questionar a quem elas atenderam e atendem. Pode-se questionar como foram determinantes para a relação com o Estado. Há momentos, inclusive, em que se pode questionar a existência de políticas públicas para esses setores, dada a sua volatilidade.

Este livro trata das políticas públicas voltadas para a imprensa e a radiodifusão brasileiras, analisando a ação do Estado nesses setores no período compreendido entre 1964, ano do início do regime militar, e o presente. Optou-se por explicitar constantemente neste livro os termos "imprensa" e "radiodifusão". Dessa forma fica claro que serão objetos de análise os órgãos impressos de informação — jornais e revistas — e as emissoras de rádio e de televisão. Nesses últimos, será dada também maior atenção ao conteúdo jornalístico, porém serão mencionados e discutidos exemplos, quando necessário, do restante da programação.

Mais do que investigar a participação do Estado na atividade-fim da comunicação social — a transmissão de informações —, enfoca-se esse campo como um setor onde preponderam empresas e ideologia próprias. Assim, pretende-se discutir as políticas adotadas na prática pelo Estado em relação às *empresas* de radiodifusão e de imprensa como um todo.

Será alvo dessa análise somente a dita grande imprensa. Não serão foco central deste estudo, pois, jornais alternativos, publicações irregulares, de tiragens pequenas quando comparadas às maiores de seus segmentos e não comercializadas ou submetidas à assinatura por processos regulares; tampouco rádios e televisões comunitárias, universitárias, institucionais ou de comunicação interna de empresas, prevalecendo, também nos espectros radiofônico e televisivo, o estudo sobre as grandes empresas e órgãos do setor. Por sua importância no cenário nacional, concentrar-se-á este livro, quando da necessidade de se discutirem exemplos, nos veículos dos principais centros econômicos do país — Rio de Janeiro e São Paulo —, mesmo que essa não seja uma norma inviolável. Ainda assim, não é intenção deste trabalho realizar estudos de caso mais aprofundados, já que se pretende, aqui, explorar de uma forma mais geral as políticas públicas para a imprensa e a radiodifusão brasileiras.

Cabe, portanto, uma pergunta central: quais são, dentro da limitação temporal do estudo, as políticas públicas para a radiodifusão e a imprensa brasileiras, e até que ponto a ação do Estado interfere diretamente na produção jornalística, prejudicando o fortalecimento das instituições democráticas?

Essa pergunta obviamente se divide em duas. Quando se faz referência à investigação das políticas públicas para o setor, pretende-se analisar primordialmente as diretrizes para a ação estatal no que tange à imprensa e à radiodifusão. Não interessam simplesmente as políticas vistas de forma pontual — deve-se entendê-las de forma interligada, de modo tal que seja possível analisar as orientações, para esse setor, dos diferentes governos do período estudado.

A relação entre imprensa e democracia, inferida na segunda parte da pergunta feita acima, será mais aprofundada no primeiro capítulo deste livro. Agora, faz-se necessário salientar que, ao dependerem economicamente do poder público, as empresas jornalísticas põem em xeque algumas de suas principais obrigações, a saber: o compromisso com a verdade, a isenção e a fiscalização do poder público, evidenciando seus problemas e mazelas. A isenção e a veracidade de informações sobre um determinado agente do qual se depende tanto, como na relação entre empresas jornalísticas e Estado, são questionáveis.

Para que o público tenha acesso aos fatos, principalmente no que tange à esfera administrativa pública, apresenta-se a independência como marca necessária à relação entre imprensa e Estado, o que só é factível em caso de inexistência de compromissos e relações íntimos entre governantes, jornalistas e empresários do setor. Assim, depende-se, institucionalmente, de empresas sólidas, bem administradas, profissionais e capazes de captar seus próprios recursos sem serem subservientes ao alvo a ser fiscalizado. Depende-se, enfim, da possibilidade de a mídia sustentar-se por si própria, não mais dependendo do poder público — nem contando com a possibilidade de depender dele — para isso.

A investigação aqui desenvolvida é de cunho eminentemente histórico e amparada em preceitos comuns a diversos autores, entre os quais Curado (2001), Vergara (2005) e Martins (2001). A primeira autora defende a utilização do paradigma de nova história como sustentáculo da pesquisa historiográfica voltada para a administração — incluindo, obviamente, seu âmbito público, de caráter essencial a este trabalho. Assim, o método pressupõe que a história diz respeito a todas as atividades humanas e que essa não é uma mera narrativa dos acontecimentos, e sim prioritariamente uma análise das estruturas. Não se devem desprezar, segundo a autora, opiniões e experiências pessoais, manifestadas por vezes em depoimentos orais, discutidos adiante. Isso não anula, é claro, a importância de arquivos, documentos legais, bibliografia em geral e evidências históricas.

Como lembra Vergara, à historiografia não basta a análise das estruturas; é preciso que essas sejam interpretadas, de modo que não se repita uma simples narrativa dos acontecimentos — paradigma, de acordo com Curado, da história tradicional.

Martins vai além na distinção entre os dois paradigmas de pesquisa histórica. O autor lembra que, até o século XIX, predominava a narrativa linear, cujos cânones eram os eventos conjunturais, curtos períodos temporais, acontecimentos políticos e personagens de notória relevância. Já no século XX ganha força a interpretação que coloca como centro da historiografia os aspectos econômicos e sociais, as estruturas duradouras e os comportamentos coletivos de toda a sociedade.

Neste trabalho, seguem-se mormente as diretrizes referentes à nova história (nas palavras de Curado) e à história total (segundo Martins), mas de alguma forma não se descartam princípios tidos como fundamentais pelo paradigma anterior. São centrais para a argumentação aqui desenvolvida a interpretação dos fatos e a análise das estruturas duradouras, tidas como indispensáveis para a compreensão do tema ora estudado, sem rígido apego à narrativa linear calcada na ausência de remissões e inflexões. Ainda assim, são determinantes para o encadeamento dos capítulos e para a organização do livro observações referentes a personagens e a eventos conjunturais, de modo que o domínio político, por sua importância para as comunicações no Brasil, adquire primazia e constitui o cerne desta análise.

Optou-se por dividir o período aqui focalizado em três capítulos, dispostos posteriormente à discussão acerca das funções dos meios de comunicação de massa e de suas premissas orientadoras.

Depois de uma breve recuperação de fatos históricos ligados à trajetória da imprensa no Brasil, o primeiro período analisado no livro é o do regime militar. Trata-se de época fundamental para a compreensão da imprensa e da radiodifusão contemporâneas, dadas as transformações então ocorridas. Durante o regime militar, foi definitivamente posto em prática o Código Brasileiro de Telecomunicações (CBT), criado em 1962 e até hoje o principal marco legal do setor, e promulgado o Decreto-Lei nº 236, complementar ao CBT. Se a radiodifusão sofreu ampla reformulação no raiar do novo regime, a imprensa em pouco tempo viveria mudança igual ou mais profunda.

Eternizados como responsáveis por algumas das medidas mais coercitivas da história do país, os governos militares prontamente elaboraram uma nova regulamentação para a atividade jornalística. A Lei de Imprensa, de 1967, e o Decreto-Lei nº 1.077, de 1970, que possibilitou, legitimou e regulou a censura aos meios de comunicação de massa, juntaram-se à legislação repressiva própria do regime e relativa à vida cotidiana da sociedade civil de modo geral, na qual se destacam a Constituição Federal outorgada em 1967, os atos institucionais nº 1 e nº 5, e a Lei de Segurança Nacional. Note-se que o amplo leque legal aberto pelo regime militar não só restringiu as liberdades da vida cotidiana, como também ampliou as possíveis punições a jornalistas, cerceou o acesso à informação e inviabilizou a liberdade de imprensa.

Por outro lado, às medidas repressoras e autoritárias aliaram-se propostas modernizadoras que revolucionariam as comunicações no país. Os governos militares criaram, por exemplo, o Ministério das Comunicações, em 1967, a Telebrás, a Radiobrás, agência de notícias oficial do governo federal, e a Embratel, empresa fundamental para a formação de grandes redes de televisão. Essa modernização das telecomunicações só foi possível graças à atenção especial dada ao setor pelos militares, antes mesmo de assumirem o poder. Eles já ocupavam postos de destaque na engenharia e na administração das telecomunicações nacionais nas décadas de 1950 e 1960.

A criação dessas empresas estatais obviamente faz parte de um planejamento maior, que concebia as telecomunicações como prática intimamente ligada à segurança nacional e peça fundamental à integração de todos os pontos do país. Para tanto, procedeu-se à ampliação do número de emissoras de radiodifusão no país e conseqüentemente à reestruturação das freqüências ocupadas no espectro eletromagnético. No fim do regime militar, as grandes redes de televisão do Brasil eram bem diferentes das existentes no pré-1964. Meios de comunicação impressos foram alvo de pressões similares: a censura era uma constante no dia-a-dia de jornais e revistas.

O início da Nova República é o tema do capítulo 3. As transformações políticas não foram suficientes para promover mudanças nos alicerces das comunicações, como, por exemplo, o uso político das freqüências e o desrespeito à legislação vigente. Esse capítulo divide-se em duas partes. A primeira focaliza a nova estrutura de poder no campo das comunicações e as mudanças legais nesse setor, sintetizadas na promulgação da Constituição Federal. A segunda mostra a distribuição de emissoras de radiodifusão com fins partidários como uma política de Estado, perpassando governos e momentos históricos distintos e estendendo-se para além do fim da década de 1980.

Por último, antes das conclusões, discutem-se as transformações no cenário das comunicações na década de 1990 e início do novo milênio. O Estado brasileiro foi então chamado a se posicionar em face da crise de proporções inéditas que atingiu as empresas do setor de comunicações. Apostando na estabilidade econômica e na valorização da moeda nacional diante do dólar, essas empresas investiram em equipamentos mais modernos e novos produtos no fim da década, contraindo dívidas, em moedas estrangeiras, a serem pagas em curto espaço de tempo. A valorização da moeda mostrou-se, como se sabe, falaciosa, as dívidas contraídas pelas empresas aumentaram, e os investimentos não surtiram os efeitos desejados. Entram em rota de colisão, assim, duas premissas que orientaram as comunicações ao longo da história brasileira, ora relegadas em prol da busca de soluções para uma questão conjuntural. O necessário monopólio do capital nacional (estatal e privado) nesse setor e a independência, pelo menos oficial, dos meios de comunicação de massa em relação ao Estado tornam-se ponderações cuja sustentação seria em grande parte abalada.

Capítulo 1

Imprensa e democracia

Quando a Comissão Internacional para o Estudo dos Problemas da Comunicação, da Unesco, se reuniu pela primeira vez em dezembro de 1977, a América Latina passava por profundas mudanças político-sociais. Alguns dos regimes ditatoriais que se espraiaram pelo continente nas décadas anteriores começavam a dar sinais de desgaste, abrindo espaço para reivindicações da sociedade civil. As pressões internacionais pela abertura política nesses países se intensificariam nos anos seguintes, capitaneadas pelo presidente norte-americano Jimmy Carter.

O regime militar brasileiro, por exemplo, já havia iniciado seu processo de distensão política, aí incluída a decretação da anistia em agosto de 1979, três meses antes de a comissão da Unesco finalizar seus trabalhos depois de oito reuniões. O documento final, denominado *Relatório MacBride* em homenagem ao presidente da comissão, o jurista irlandês Sean MacBride,[1] refletia a missão grandiosa proposta pela Unesco: "estudar a totalidade dos problemas

---

[1] Além de seu presidente Sean MacBride (Irlanda), compunham essa comissão da Unesco Betty Zimmermam (Canadá), Bogdan Osolnik (Iugoslávia), Boobli George Verghese (Índia), Elebe Ma Ekonzo (Zaire), Elie Abel (EUA), Fred Isaac Akporuaro Omu (Nigéria), Gabriel García Márquez (Colômbia), Gamal El Oteifi (Egito), Hubert Beuve-Méry (França), Johannes Pieter Pronk (Holanda), Juan Somavia (Chile), Michio Nagai (Japão), Moctar Lubis (Indonésia), Mustapha Masmoudi (Tunísia) e Sergei Losev (URSS). Publicado em português, o relatório intitulou-se *Um mundo e muitas vozes: comunicação e informação na nossa época* (ver Unesco, 1983).

da comunicação nas sociedades modernas". Amplo, o relatório buscava abordar os mais distintos problemas referentes à temática tratada. Além de amplo, também genérico e impreciso, pois não focalizava nenhuma sociedade ou contexto específico, evitando discussões pontuais e localizadas. Ainda assim, pioneiro, por constituir marco teórico e conceitual sobre campos diversos da comunicação, e instigante, por fomentar novos debates.

As políticas públicas de comunicação, de acordo com as conclusões da comissão da Unesco, estão relacionadas essencialmente ao modelo de desenvolvimento que cada nação adota. Em um primeiro momento, a comunicação é vista como processo técnico, conseqüência do estabelecimento de infra-estrutura necessária para a transmissão de dados.

> Assim, o problema fundamental consiste na relação que se deve estabelecer entre a comunicação — obras de infra-estrutura e atividades — e os objetivos nacionais ou, em outras palavras, a incorporação do desenvolvimento da comunicação aos planos de desenvolvimento geral. Como a comunicação não é um setor separado e autônomo, a interdependência, talvez mais marcada nesse campo e em outros, impõe a necessidade de formular algumas políticas de comunicação que não se limitem à informação e ainda menos aos meios de comunicação social, mas sim que levem em consideração todos os meios que pode utilizar uma sociedade para atingir seus objetivos gerais de desenvolvimento.[2]

Ao vincular a política de comunicação aos planos de desenvolvimento e aos objetivos nacionais, o relatório sugere a importância do Estado como peça-chave nesse processo. A construção da infra-estrutura, voltada principalmente para radiodifusão, telefonia e sistemas outros de transmissão de dados, demanda investimentos, em parte do Estado, bem como o reconhecimento, por este último, de que a comunicação é fundamental para a estratégia de desenvolvimento a ser adotada. Nos países periféricos, segundo o documento, a ação do Estado é a maneira principal de se criar a infra-estrutura necessária à comunicação, seja por causa da carência de recursos para altos investimentos no ainda incipiente setor empresarial, seja por questões ideológicas.

Ressalte-se que a montagem da infra-estrutura necessária às comunicações requer investimento em tecnologia de ponta e, portanto, cara. Se, até a

---

[2] Unesco, 1983:340.

década de 1980, estava em pauta nos países em desenvolvimento o investimento em questões como transmissão via satélite, atualmente os gastos se voltam para modelos de transmissão digital de som e imagem.

Fortalecida, a comunicação passa a manter relação de interdependência com outras áreas-alvo de políticas públicas, contribuindo também para seu desenvolvimento. Ainda que a comunicação, por si só, seja incapaz de gerar desenvolvimento, políticas públicas para outras áreas têm sua eficiência prejudicada, caso não haja condições para que ela se estabeleça.

Políticas de comunicação não podem, contudo, se restringir à criação de infra-estrutura e a investimentos a ela vinculados. Compete-lhes também criar as condições para a difusão de idéias, aliada ao já mencionado processo técnico de transmissão de informações. Para a Comissão Internacional para o Estudo dos Problemas da Comunicação, da Unesco, o contexto jurídico, incluindo-se aí não apenas as leis, como também a garantia, na prática, dos direitos individuais delas decorrentes, deve, em tese, assegurar o pluralismo e as condições para que a sociedade tenha à sua disposição fontes de informação e de idéias diversas e para que possa escolher livremente entre elas.

Nessa linha, Robert Dahl discute as instituições fundamentais para a poliarquia. Segundo o autor (1991), trata-se de conceito flexível, podendo ser interpretado de diversas formas: como resultado de tentativas visando à democratização das instituições do Estado; como sistema político específico; como forma de controle político visando a resultados eleitorais; como um sistema de garantia de direitos políticos; ou como um conjunto de instituições necessárias para o funcionamento do processo democrático em larga escala. Interessa-nos aqui principalmente a última interpretação do conceito.

De acordo com Dahl (2001), são seis as instituições fundamentais à poliarquia.[3] Quatro delas não se relacionam diretamente às atividades ligadas à comunicação: funcionários eleitos; eleições livres, justas e freqüentes; autonomia para as associações; e cidadania inclusiva. Outras duas estão intimamente ligadas a esse setor: liberdade de expressão e fontes de informação diversificadas.

A liberdade de expressão e o acesso a fontes de informação diversificadas estão relacionados, na visão do autor, à satisfação de critérios básicos para a vigência de um regime democrático. Expressar-se livremente é pré-requisito

---

[3] Há variações no número de instituições consideradas por Dahl como essenciais à poliarquia. Na obra anteriormente citada, de 1991, eram sete; na de 2001, seis. A diferença, nesse caso, é o direito à ocupação de cargos públicos, suprimido da lista referencial no trabalho mais recente.

para que os cidadãos possam se posicionar em relação a cenários diversos, participando da vida política. Essa participação requer uma compreensão esclarecida dos fatores que cercam a sociedade, o que implica a possibilidade, segundo o autor, de interferência na agenda programática do governo. O acesso a fontes diferenciadas de informação está igualmente ligado à idéia de possibilitar um maior esclarecimento da população e, portanto, uma participação consciente no cenário político.

Note-se que é o Estado o responsável por garantir a liberdade de expressão e o acesso a fontes de informação diversificadas. Como frisa o *Relatório MacBride*, o Estado, por meio do Poder Judiciário ou de seu equivalente, é o responsável por garantir a liberdade de imprensa e a existência de múltiplas fontes de informação, sendo esse princípio muitas vezes violado.

> A formulação da política de comunicação se baseia normalmente numa legislação nacional, que às vezes tem caráter constitucional e geral, e outras vezes é mais detalhada e específica. Liberdade e crença de opinião, de palavra, de expressão, de imprensa (...). Uma vez proclamadas, essas liberdades, sujeitas ou não a deveres, e acompanhadas ou não de garantias relativas aos meios materiais necessários para o seu exercício segundo os países, provocam, entretanto, algumas limitações que podem ser mínimas ou, pelo contrário, abarcar diversos aspectos relacionados com o seu exercício. Mas, às vezes, seria errôneo atribuir importância excessiva às disposições constitucionais, já que esses textos solenes costumam se revestir de caráter meramente formal e são apenas simples declarações de intenção ou princípios.[4]

A liberdade de expressão não depende, assim, apenas de uma legislação consoante com os princípios da poliarquia enumerados por Dahl. Por mais que seja garantida por legislação apropriada, essa liberdade é limitada por contingências político-sociais, tais como o esforço e o interesse de cada governo em permitir o funcionamento de instituições e a vigência de princípios ligados à poliarquia e dissociados da máquina estatal. Como lembra a Unesco, a própria política nacional a ser adotada em cada país para a comunicação é diretamente afetada pelo grau de liberdade de expressão de que dispõe a sociedade.

---

[4] Unesco, 1983:345.

Qualquer política de comunicação está intimamente ligada ao grau de liberdades experimentadas pela sociedade porque, a julgar pelo relatório da Unesco, o ambiente democrático se reflete também nos meios de comunicação. Para a entidade, há que considerar a democratização das comunicações, mais que um conceito estático, um processo contínuo de transformação.

Por um lado, trata-se de processo ligado aos receptores das mensagens. Quando eles não têm conhecimento para entender o que lhes foi informado, encontram-se isolados do processo de comunicação. Refere-se o relatório, nesse caso, não só aos analfabetos, como também aos que não conseguem compreender, por motivos diversos, mensagens audiovisuais.

O processo de democratização das comunicações refere-se também, por outro lado, aos emissores das mensagens, perspectiva que aqui nos interessa mais. Pressupõe a existência de um maior número de meios de comunicação, de orientações ideológicas diversas, e, além disso, de acesso fácil e real por parte da sociedade. Em outras palavras, a defesa da democratização das comunicações baseia-se em uma interpretação de sociedade plural segundo a qual, havendo um maior número de fontes de informação, um maior número de opiniões diferentes seria difundido.

Em sua análise dos documentos que balizariam as discussões acerca da comunicação durante a vigência da Assembléia Nacional Constituinte na década de 1980 no Brasil, Amorim (1986) lembra que, mesmo de forma não explícita, é o Estado o único ator capaz de promover o funcionamento de um sistema de comunicação democrático. É esse ator o responsável por definir o aparato legal e institucional desse setor, arrolar metas e prioridades, decidir sobre formas de gestão e participação, proporcionar incentivos e distribuir freqüências para os interessados em montar emissoras. A democratização das comunicações ampara-se, portanto, em norte e estímulo do Estado.

Para que a democratização das comunicações possa vir a ser uma realidade palatável e para que uma política nacional de comunicação possa ser caracterizada como fruto natural de um sistema democrático, marcado pela vigência das instituições da poliarquia discutida por Dahl, faz-se necessário o respeito a um princípio decorrente da liberdade de expressão: a liberdade de imprensa. É difícil precisar a época e o local de nascimento desse conceito como peça fundamental das sociedades democráticas, mas pode-se afirmar que a liberdade de imprensa foi incorporada às agendas de discussão progressistas na Europa ainda sob influência das idéias iluministas. Rapidamente o novo conceito tornar-se-ia freqüente em diversos marcos legais pelo mundo. Momento importante para a consolidação da idéia de liberdade de imprensa como necessária à democracia é a promulgação da Constituição dos Estados Unidos da América e, principalmente, de sua primeira emenda. Reza o texto, de 1788, que o Congresso não poderia legislar de forma a cercear a liberdade da palavra ou de imprensa.

A importância da liberdade de imprensa é reafirmada pelo relatório da Unesco e a seguir discutida com maior profundidade:

> No sentido mais amplo, a liberdade de imprensa constitui uma extensão da liberdade de expressão de todo cidadão, reconhecida como direito humano. As sociedades democráticas se baseiam no conceito de soberania do povo, cuja vontade geral é determinada por uma opinião pública informada. Esse direito do público de saber é o que constitui a própria essência da liberdade de informação e de seus órgãos, e o jornalista profissional, o escritor ou o produtor são apenas seus guardiões. A supressão dessa liberdade pressupõe reduzir o exercício de todas as outras. (...) A função do jornalista pesquisador consiste em pôr em xeque a ação dos que detêm o poder, quem quer que sejam, em desmontar os mecanismos e em expor os resultados, quando há abusos de poder, incompetência, corrupção, ou qualquer tipo de desvio.[5]

Do relatório da Unesco podem-se depreender três pontos. Em primeiro lugar, reafirmam-se as condicionantes estruturais ou conjunturais que porventura venham a prejudicar a liberdade de expressão e outras liberdades dela decorrentes. Estas devem ser lembradas e perseguidas diariamente, já que estão sob constante ameaça, seja por mudanças no grau de autoritarismo do regime vigente (ou, ainda, por mudança na natureza ou no sistema político do próprio regime), seja por alterações no cenário empresarial das organizações de comunicação.

As condicionantes político-sociais que atuam sobre a liberdade de imprensa nem sempre são nítidas. O conceito de liberdade de imprensa, mesmo em contextos aparentemente democráticos, incorre, para alguns autores, em falácia. White (1985) alude à estrutura empresarial no cenário das comunicações para justificar esse argumento. Considerando o alto custo de se montar uma empresa sólida nesse setor e a provável relação próxima entre empresário

---

[5] Unesco, 1983:390-392.

e poder público, visto que as concessões de emissoras de rádio e de televisão são feitas pelo Estado, o autor trabalha com o conceito de recursos estratégicos. Quem tem prestígio e condições para efetuar investimentos detém os recursos estratégicos, aumentando seu poder de barganha, sendo procurado para parcerias e definindo o que deve ou não ser informado ao público. Assim, as elites dominantes nesse processo definiriam os padrões a serem adotados, seriam capazes de escolher a tecnologia que mais contribuísse para o sucesso desse modelo e moldariam a mensagem a ser passada ao público da forma que melhor lhes aprouvesse. O modelo vigente não seria visto como prejudicial à democracia, mas como o único que sempre existira.

> Em tudo isso, não tem que haver qualquer conspiração maléfica para controlar o sistema. Uma vez tudo em seu lugar, as decisões dos patrões podem ser explicadas como uma forma lógica e eficiente para se comunicar. Os parâmetros do discurso público são definidos tão bem que parece haver perfeita liberdade para expressar opiniões, desde que fique dentro das regras estabelecidas pelo processo público de tomada de decisões. De acordo com a lógica do sistema, parece ser democrático, na medida em que as necessidades de todos (como são definidas) forem atendidas e todos não somente têm acesso aos canais, mas são capazes de influenciar naquilo que é comunicado.[6]

Ainda que não seja objetivo deste trabalho analisar especificamente a difusão de informações, a passagem acima transcrita interessa principalmente pelo estabelecimento de uma relação nítida entre liberdade de expressão e o modelo de produção vigente. White defende que o estabelecimento de regras acomoda a liberdade de expressão em limites definidos por quem detém os recursos estratégicos. Não se trata de punição, convém lembrar, por excessos cometidos, mas de prévia restrição à difusão de determinado conteúdo dentro de um modelo pré-estruturado. O conceito de liberdade de expressão estaria assim ligado ao *status quo* vigente, sendo este seu principal limitador.

Ao abordar a questão da liberdade de imprensa, Arbex Júnior (2001) assinala a confusão entre esse conceito e o de liberdade de empresa. O primeiro refere-se a uma liberdade pública, fruto de conquistas em ambiente democrático, a qual não pode ser privatizada, ou seja, interpretada como bem de empre-

---

[6] White, 1985:116.

sas específicas. Em geral, porém, segundo o autor, a liberdade de imprensa é discutida como se fosse o direito que os empresários do setor têm de publicar o que julgarem ser de interesse. Essa, porém, é a liberdade de empresa, vinculada às idiossincrasias de pessoas específicas.

Mais ampla, a liberdade de imprensa, como enfatiza o relatório da Unesco, é uma extensão da liberdade de expressão. Garantido esse direito, os jornalistas tornam-se aptos a informar a sociedade como julgarem mais conveniente, sem filtros prévios ou simultâneos, devendo se mirar apenas em códigos de ética específicos. Em contextos democráticos modernos, admitem-se limites à prática jornalística principalmente *a posteriori*, por meio de punição baseada em instrumentos legais, o que, de todo, não coíbe a difusão de informações, punindo apenas eventuais excessos.

A discussão acerca dos conceitos de liberdade de empresa e de imprensa não se restringe ao plano teórico. A separação feita por Arbex Júnior encontra prerrogativa no manancial legal de algumas nações. Por prerrogativa entende-se aqui a vigência de marcos que tornem possível a separação entre a prática jornalística e a vontade dos donos das empresas de comunicação. Defende-se, nesses casos, o direito que o público tem de receber as informações tal como foram colhidas pelo repórter. Cumpre essa função, por exemplo, o estabelecimento de uma "cláusula de consciência" como marco legal. Em países onde vigora essa proteção, os jornalistas podem se recusar a cumprir ordens ou divulgar notícias com determinado viés, se julgarem que essas atitudes ferem sua honra ou não refletem a veracidade dos fatos. Em alguns casos, é explicitamente proibida a demissão de jornalistas por causa das crenças que professam. No Brasil, não vigora nenhum desses dispositivos legais.

Os ataques à liberdade de imprensa não se restringem apenas a tentativas diretas de bloquear a difusão de informações. Em 2003, a organização não-governamental Repórteres Sem Fronteiras elaborou um *ranking* de respeito à liberdade de imprensa em 166 países. Em 71º lugar, o Brasil está atrás do Timor Leste (30º colocado), nação que viveu longa guerra de independência; da Bósnia (37º), marcada por conflito interno duradouro; de Israel (44º), país em constante conflito com nações vizinhas; e da Bolívia (51º), imersa em problemas com o narcotráfico e em conflitos político-sociais. Na América do Sul, o Brasil está à frente apenas da Venezuela (96º) e Colômbia (147º). Segundo a organização, no Brasil o desrespeito à liberdade de imprensa caracteriza-se por pressões político-econômicas e por assassinatos de jornalistas no cumprimento de suas funções, principalmente no interior do país, sempre em circunstâncias não esclarecidas pelas forças policiais. Os responsáveis pelos ataques normalmente são os próprios policiais, grupos criminosos organizados ou oligarquias regionais. As condicionantes que limitam a liberdade de imprensa ressaltadas pela Unesco referem-se, assim, não só à falta de garantias legais para jornalistas no exercício da profissão, como também a medidas tomadas pelas oligarquias com o evidente interesse de dissuadir discussões a respeito de temas específicos, extrapolando as barreiras que definem direitos democráticos e incidindo pura e simplesmente em atos criminosos.

A ação das oligarquias regionais, por vezes relacionada à violação da liberdade de imprensa, remete a um segundo ponto ressaltado pelo relatório da Unesco. Trata-se de uma necessária independência da imprensa em relação a grupos políticos e econômicos fortes, possibilitando uma cobertura que não incida propositalmente em viés:

> O postulado democrático é que a mídia é independente e comprometida com a descoberta e o relato da verdade e que não reflete o mundo da forma que grupos poderosos desejam que seja refletido. Líderes da mídia alegam que suas escolhas de notícias repousam sobre critérios profissionais e objetivos livres de tendenciosidade e que têm o apoio para essa contenção na comunidade intelectual. Se, no entanto, os poderosos são capazes de determinar as premissas do discurso, de decidir o que à população em geral será permitido ver, ouvir e pensar, e de "gerenciar" a opinião pública por meio de campanhas regulares de propaganda, a visão-padrão de como o sistema funciona está seriamente contrária à realidade.[7]

Herman e Chomsky (2003) são céticos quanto ao que chamaram de postulado da independência da mídia. Para os autores, essa independência não só não existe, como não parece ser possível, levando-se em conta a estruturação da empresa jornalística moderna. Por pertencerem às oligarquias das quais deveriam ser independentes, os meios de comunicação, por meio dos profissionais que neles trabalham, atendem aos interesses de seus donos. Estes, segundo os autores, têm agendas e princípios claros, fazendo uso dos meios de que dispõem — no caso, os de comunicação — para verem atendidos os seus objetivos. Isso não pode ser caracterizado como intervenção bruta nos meios de

---

[7] Herman e Chomsky, 2003:54.

comunicação, mas como uma estrutura operacional padrão, já apontada por White (1985) e discutida anteriormente neste capítulo.

Segundo o modelo elaborado por Wolfsfeld (1997), a independência da mídia é afetada por três fatores: o nível de controle oficial por parte do Estado, a necessidade de contar com fontes de informação oficiais e a quantidade de recursos disponíveis para os meios de comunicação.

O exercício explícito de controle oficial da informação, por si só, é condenado pelo relatório da Unesco e fere os princípios da poliarquia levantados por Dahl, ocorrendo, portanto, no mais das vezes, em regimes autoritários. O controle, nesses casos, pode ser legitimado por uma reforma no aparato legal, de forma a tornar possível a censura e outras medidas coercitivas.

Para analisar de forma plena, no caso brasileiro, o segundo fator apontado por Wolfsfeld seria necessário realizar aqui uma discussão sobre a práxis jornalística, o que foge aos limites deste trabalho. No entanto, não seria errado afirmar que existe, sim, algum grau de dependência da informação e de fontes oficiais no dia-a-dia do jornalista brasileiro. Alguns parlamentares e figuras-chave das mais diversas instituições são reconhecidos como fontes perenes de grande parte dos jornalistas, cabendo à investigação papel secundário na busca da informação.

O terceiro fator mencionado por Wolfsfeld, a quantidade de recursos disponíveis aos meios de comunicação, é historicamente uma grande razão dos problemas por que passa o setor. Esse ponto será examinado mais detidamente no decorrer deste trabalho. Preliminarmente, convém lembrar que as empresas de jornalismo e de radiodifusão têm sua trajetória marcada, em geral, pela má administração e pela contração de grandes dívidas, sobretudo em função dos custos ligados à produção nesse setor.

Com base na discussão sobre a liberdade de imprensa e sobre a independência que deve nortear sua atividade, pode-se debater o terceiro ponto ressaltado pelo relatório da Unesco, qual seja, a função da imprensa nas modernas sociedades democráticas.

Wheeler (1997) argumenta que os meios de comunicação de massa funcionam como um canal de informação entre a elite política e o eleitorado, encorajando-o a participar do processo político na sociedade democrática. Ao disseminar opiniões de matizes e orientações diversas, a imprensa torna possível a decisão consciente e a participação na vida política por parte da sociedade, indo ao encontro dos pilares apontados por Dahl como fundamentais para a poliarquia. Trata-se, portanto, do desempenho de um papel ligado à garantia de direitos individuais.

Para que seja possível atingir esse objetivo, Wheeler admite que é papel da imprensa funcionar como um "cão-de-guarda público" — ou, em outras palavras, de acordo com Kovach e Rosenstiel (2003), como monitor independente do poder. Já se discutiu a importância da independência para o funcionamento da imprensa, restando agora tratar das conseqüências desse fator para a rotina dos jornalistas.

Quando são independentes, os meios de comunicação funcionam como agentes fiscalizadores, na medida em que são prerrogativas dos jornalistas o acesso a atores ligados ao Estado e a grupos econômicos fortes, e a difusão de informações por meios de comunicação diversos. Seria a imprensa, nessa ótica, canal de acesso da sociedade ao poder constituído, visto que esta não tem, por si só, como investigar no dia-a-dia o funcionamento das estruturas de poder. Kunczik (2002) reforça essa característica do jornalismo em países em desenvolvimento, atribuindo-lhe o papel de grupo de pressão legítimo no tocante aos processos de tomada de decisão coletiva. Por seu peso no jogo político, as empresas do setor seriam capazes de forçar determinada decisão ao abrir espaço à pressão da sociedade.

Os meios de comunicação trabalhariam com vistas a revelar à sociedade o uso da máquina pública pelos funcionários por ela eleitos — em última análise, um processo de fiscalização de uma das instituições fundamentais para a poliarquia, segundo Dahl (os funcionários eleitos), por um representante, a imprensa, de outra dessas instituições (a liberdade de expressão). Há, porém, uma ressalva:

> O objetivo do papel de guardiã da imprensa também vai mais além da administração e execução da transparência do poder, tornando conhecidos e entendidos os efeitos desse mesmo poder. Isso logicamente implica que a imprensa deve perceber onde instituições poderosas estão funcionando bem e onde não. Como pode a imprensa se propor a monitorar os poderosos, se não revela, da mesma forma, tanto os sucessos como os fracassos? Críticas intermináveis perdem o significado, e o público fica sem bases para diferenciar o bom do ruim.[8]

Wheeler ressalta, ainda, três motivos pelos quais julga serem importantes a imprensa e as informações por ela difundidas: os indivíduos devem ter

---

[8] Kovach e Rosenstiel, 2003:175.

acesso a conhecimentos técnicos e a informações que lhes permitirão lutar por seus direitos; os meios de comunicação, por sua natureza, propiciam acesso a uma grande quantidade de informações, interpretações e discussões de diversas naturezas, disponibilizando subsídios para a continuação de debates públicos; e os cidadãos podem fazer uso dessas informações e dos meios de comunicação para formular suas críticas e propor alternativas referentes ao cenário público.

Pode-se e deve-se questionar, nesse caso, o acesso aos meios de comunicação pela sociedade. A suposta relação bidirecional entre esses dois atores se dá, na verdade, de forma muito limitada. O espaço para a sociedade se manifestar de fato em publicações e programas audiovisuais é escasso, restringindo-se a seções de cartas do público ou a rápidas participações por telefone ou por mensagens eletrônicas. O destaque no âmbito profissional, notoriamente no acadêmico ou no político, é outra forma de acesso aos meios de comunicação, abrindo-se, nesses casos, espaço para a divulgação freqüente de opinião dos reconhecidos especialistas.

Mesmo sendo pequeno esse espaço de ação da sociedade nas empresas jornalísticas, é inegável a força política de que elas dispõem, principalmente pelo fato de estarem tão ligadas tanto ao poder público quanto à sociedade. Por mais que esse não seja o objetivo deste trabalho, cabe a pergunta: por que o Estado, por meio dos que operam a máquina pública, opta, não raro, por garantir a liberdade de imprensa ou por defendê-la no plano legal, mesmo que a violando na prática? Por que, em suma, a defesa da liberdade de imprensa parece ser importante para o Estado?

Resposta plausível foi dada por Marcondes Filho (1991:32), para quem o Estado historicamente dependeu da mídia porque esta legitimava suas ações, "transformando-as em feitos bombásticos num mundo em que vigora a forma espetacular de se tratar todas as notícias". Essa dependência tende a se reduzir quando os governantes percebem que a administração pública naturalmente origina notícias sempre que os fatos discutidos sejam inapelavelmente do interesse da sociedade.

Anteriormente foram discutidas, por assim dizer, as duas dimensões de uma política nacional de comunicação. A primeira relaciona-se à infra-estrutura necessária à transmissão de dados, sejam eles notícias, sejam eles subsídios para que estas se tornem reais. Trata-se de investimento a ser feito de forma concatenada com a política de desenvolvimento adotada pela nação e com outras políticas setoriais, já que, nesse caso, os frutos dos investimentos em infra-estrutura se estenderão, em segundo plano, a outras áreas. A montagem de um canal educativo de rádio ou televisão, por exemplo, pode significar a possibilidade de criação de um sistema de educação a distância. A infra-estrutura montada serviria assim de base para áreas diversas.

A segunda dimensão da política refere-se a questões relativas à difusão de informações, por sua vez ligada a princípios democráticos. Nesse caso, trata-se da adoção, pelo Estado, da idéia de que a liberdade de expressão e a possibilidade de acesso da sociedade a fontes variadas de informação são princípios a serem respeitados em prol do fortalecimento das instituições vigentes. Para tanto não é suficiente a promulgação de leis, que podem dar origem, na prática, a um cenário fictício — como bem lembra o relatório da Unesco —, em que os direitos individuais são flagrantemente desrespeitados por autoridades legalmente constituídas, que agem em desacordo com a legislação vigente e contam com a omissão do Estado em momentos de tensão. A liberdade de expressão deve ser não só garantida por lei, como também protegida pelo Estado, sendo punidos os que a violarem.

Extensão da liberdade de expressão, a liberdade de imprensa é pré-requisito para a prática jornalística, entendida também sob as influências do cenário democrático. Uma vez considerada como instituição fundamental à democracia e decorrente do princípio da liberdade de expressão, a imprensa tende a ser defendida nas instâncias legais competentes, sendo sua regulação prevista não raro em Carta Magna.

Tal como a simples menção legal à liberdade de expressão não a garante, a defesa da liberdade de imprensa extrapola os limites da legislação vigente. Trata-se não só de princípio a ser defendido na prática, como também — e contraditoriamente — princípio que, na prática, não existe por si só. Considerando-se que a liberdade de imprensa é pública e, por isso, não pode ser limitada pelo setor privado — "privatizada", como prefere Arbex Júnior —, a imprensa só é realmente livre quando é protegida e, ao mesmo tempo, quando se estrutura de tal forma a não se misturar com os que porventura a possam tolher. A imprensa não pode, nessa ótica, depender dos grandes grupos políticos e econômicos, sendo uma de suas funções justamente a fiscalização desses atores. Como a completa independência da imprensa em relação a esses setores é impossível — até porque, nas sociedades capitalistas modernas, em face dos altos investimentos necessários no setor, essas empresas pertencem normalmente a importantes grupos econômicos —, criam-se por vezes mecanismos, como, por exemplo, a cláusula de consciência, que tornam mais difícil a submissão de jornalistas a essa influência.

Não se trata, porém, de situação automática. A percepção do Estado de que a imprensa é uma instituição fundamental à lógica democrática nem sempre faz com que a liberdade de imprensa seja protegida e, muito menos, que se criem mecanismos práticos para reduzir a possibilidade de influência dos grandes grupos privados e públicos na mídia. Pela força da imprensa em sociedades modernas — potencializada, segundo Kunczik, em países em desenvolvimento — e pelo interesse que esses grupos têm demonstrado nos meios de comunicação, presume-se que a constituição de mecanismos de proteção, aprovados, em última instância, por interessados no assunto, só ocorra depois de longo debate na sociedade e de pressão por parte dela. Como lembra a Unesco, há condicionantes não restritas ao campo da comunicação que determinam o grau de respeito à liberdade de imprensa, estando aí incluídas tensões políticas, sociais e econômicas. Ainda assim, o Estado é o ponto de partida para a adoção de uma política nacional de comunicação, e as duas dimensões a ela ligadas — infra-estrutural e informacional — estão na órbita das competências desse ator.

Uma vez reconhecida a importância do Estado, o relatório da Unesco vai além. Na conclusão do capítulo referente às políticas de comunicação, o documento reforça a importância do pluralismo nesse setor.

> Tanto nos países em desenvolvimento quanto nos desenvolvidos, só cabe definir e formular uma política de comunicação com a participação de todas as entidades que encarnam as forças vivas do próprio país. Para poder aplicar essa política e os planos subseqüentes, cada país tem que recorrer primeiro e sobretudo às suas próprias forças. É este o ponto em que é preciso insistir aqui e ali, e que concerne essencialmente aos países em desenvolvimento, conscientes da necessidade de reduzir sua dependência em matéria de informação e de comunicação. As ajudas e apoio externos, quando existem, e inclusive se for preciso reforçá-los e aumentá-los, só constituem complemento da política de autodesenvolvimento e dos esforços endógenos de mobilização dos recursos nacionais. Como é lógico, essa política e esses esforços devem ser realizados nos países em desenvolvimento levando em conta sua situação específica, a realidade nacional e as necessidades próprias.[9]

---

[9] Unesco, 1983:352-353.

Em um primeiro momento, reconhece o relatório a necessidade de democratização da comunicação, na medida em que condiciona a eficiência de uma política nesse setor à participação de segmentos sociais distintos. A seguir, reforça a necessidade de adoção de uma política de comunicação de caráter nacional, elaborada, implementada e defendida pelas forças concernentes àquele domínio territorial, valorizando a produção de conteúdo específico para uma dada sociedade. Explorada nos capítulos seguintes, essa idéia, obviamente reinterpretada e adaptada, se refletiria na vinculação da comunicação ao conceito de soberania nacional. Nessa linha, o relatório lembra, no trecho destacado, a validade do recurso à ajuda internacional, desde que esta seja auxiliar à política de desenvolvimento germinada no contexto nacional, sem nela influir diretamente de forma programática. Conclui o documento que essa ajuda pode ser essencial a países em desenvolvimento, dada a escassez de recursos disponíveis, não sendo isso, todavia, fator que inviabilize a adoção de uma política de comunicação nessas nações.

A julgar pela argumentação anteriormente desenvolvida, às políticas de comunicação estão vinculados conceitos como democracia, liberdades de expressão e de imprensa, independência, investimentos em infra-estrutura — tudo sob a orientação do pluralismo, imaginado como a possibilidade de participação ativa da sociedade nessa política.

A realidade, contudo, não raro é diferente. White lembra que a formulação da política de comunicação compete a funcionários ligados ao planejamento estatal, a um ministério e a um reduzido número de técnicos, sendo a implementação da mesma eventualmente fruto de debates entre Legislativo e Executivo. A sociedade civil, de acordo com o autor, fica alijada desse processo. Com esse espírito e nesses moldes elaborou-se a política de comunicação durante o regime militar — ponto de partida e chave para a compreensão das relações entre Estado e mídia no Brasil.

Capítulo 2

A reforma das comunicações

Desde o início do século XIX, época da instalação da imprensa no Brasil, parte dos jornais encontra-se intimamente ligada ao poder público. A *Gazeta do Rio de Janeiro*, uma das pioneiras do setor, lançada em setembro de 1808, limitava-se a noticiar o estado de saúde de príncipes europeus e o dia-a-dia da família reinante em Portugal. Antes de publicado, o noticiário era lido, relido e modificado por nobres lusitanos, destacados para a função de censor.[10] Era a *Gazeta do Rio de Janeiro*, pois, órgão oficial, ainda que não fosse assim nomeado e constituído.

Três meses antes do lançamento da *Gazeta*, um jornal criado em Londres e dirigido aos leitores brasileiros começou a destilar ácidos comentários sobre a Corte, então recém-chegada à sua maior colônia. Até 1822 Hipólito da Costa produziu o *Correio Braziliense*, com edições de cerca de 100 páginas, que chegavam ao Brasil por contrabando. Consolidada a Independência, o jornalista julgou sua missão encerrada e deu fim à trajetória do jornal.[11]

Relações íntimas da imprensa com o poder público foram prática comum durante o Império e os primeiros anos republicanos. Por mais que não ficasse explícito para o público, periódicos nacionais eram financiados por governantes. Gordas verbas publicitárias estatais, empréstimos generosos de bancos ofi-

---

[10] Ver Sodré, 1999.
[11] Ver Lustosa, 2003.

ciais, facilitação na compra de equipamento e favorecimentos políticos diversos foram responsáveis pelo funcionamento de parte dos jornais brasileiros.

A outra parte começava progressivamente a se descolar da órbita oficial. O período da Regência, entre os governos de Pedro I e Pedro II, é visto pela historiografia oficial como o de maior espaço para a atuação de uma imprensa acentuadamente crítica e agressiva. Pululavam então nos grandes centros e no interior do país periódicos de circulação reduzida, periodicidade indefinida, situação financeira agonizante e morte certa, os *pasquins*. Confundiam-se com a imagem de seu dono, jornalista principal (às vezes único) e articulista mais polêmico — todos encarnados em uma só pessoa. Distribuíam insultos e protestos, seja no período regencial, seja na vigência da gestão dos dois imperadores, sem se preocupar muito com punições: o conceito de empresa jornalística somente se consolidaria décadas depois, sendo a falência, naquele momento, inevitável. Mais importante, antes do momento fatal, era informar e fazer valer o direito de se expressar livremente.

Dois desses jornais foram o *Sete de Setembro* e o *Barrete Frígio*. O primeiro teorizou em 1845:

> Em todos os países e em todas as épocas, essas classes privilegiadas, ciosas das vantagens que possuíam, desveladas por entendê-las todas as vezes que julgaram oportuno o ensejo, já por egoísmo, já por orgulho e cobiça, sempre procuraram manter-se em um poder discricionário, e por isso sempre se constituíram em guerra permanente com os povos por elas deserdados e oprimidos.[12]

Mais direto foi o *Barrete Frígio* em 1869: "Façamos a revolução. Fora o rei. Cuidado com o exército; onde ele predomina, a liberdade é uma mentira".[13]

Na primeira metade do século XX, a leitura de jornais como esses ficou restrita a pequenos guetos, intelectuais ou militantes políticos. O conceito de empresa jornalística consolidou-se, a práxis da imprensa foi modificada, e a sobrevivência dos periódicos tornou-se necessária como a de qualquer empreendimento de outros setores econômicos. Produção, distribuição, mecanização e tiragem atrelaram-se então à necessidade de obtenção de recursos e passaram a ser vistas na ótica empresarial — recursos esses que não raro vinham dos governos municipais, estaduais e federal, eternas fontes de renda.

---

[12] Sodré, 1999:140.
[13] Ibid., p. 211-212.

Por vezes os pedidos de ajuda da imprensa ao poder público saíram dos aposentos palacianos e se tornaram conhecidos da opinião pública. Em 1927, Alves de Sousa, diretor de *O País*, tradicional periódico governista do Rio de Janeiro, pediu por carta ao presidente da República, Washington Luís, a manutenção da ajuda financeira enviada regularmente ao jornal pelo governo do Rio Grande do Sul. O presidente da República enviou ao então presidente do Rio Grande do Sul, Getúlio Vargas, a seguinte missiva:

> O fim principal desta é transmitir-lhe a carta junto, do dr. Alves de Sousa, d'*O País*, e para lhe pedir a sua boa atenção, com todo empenho. Julgo indispensável mantermos a nossa atitude, sem o que as dificuldades serão quase insuperáveis. Não é necessário reproduzir aqui argumentos a que recorremos tantas vezes, por isso fico aguardando a sua resposta.[14]

Washington Luís julgava, como o faziam seus antecessores e o fariam seus sucessores imediatos nas décadas seguintes, plenamente aceitável a ajuda financeira, com verba oriunda dos cofres públicos, a empresas jornalísticas. Julgava normal, assim, a compra de opinião dos órgãos dispostos a apoiar o governo. Como frisa Sodré (1999:367), esse tipo de ajuda a meios de comunicação de massa "chegara a ser norma consuetudinária, tão rotineira que não despertava o menor arrepio em homens de probidade pessoal indiscutida (...)".

Atendendo a essa demanda, o presidente da República, Getúlio Vargas, em seu primeiro governo, criou o Departamento de Imprensa e Propaganda (DIP). O novo órgão foi o responsável por traçar as diretrizes para a imprensa e uma das primeiras unidades do Estado voltadas para a comunicação. Censura e distribuição de verbas publicitárias, ou seja, inferno e céu para as empresas jornalísticas, eram de responsabilidade do DIP. Naturalmente o céu era alcançado apenas por periódicos fiéis ao governo ou pouco críticos. Para os outros, minguavam as receitas. Na gestão de Vargas, o poder do Estado nesse setor ampliou-se quando o DIP passou a ter o monopólio da compra de papel. Assim, quem pretendesse publicar jornais e livros precisava negociar com o órgão.

A influência do governo não se limitou à distribuição de verbas publicitárias. Diante de um mercado de trabalho conturbado e caracterizado pela baixa remuneração, os jornalistas recorriam ao Estado para garantir um emprego

---

[14] Sodré, 1999:366.

público e mais rentável. Não raro tornavam-se responsáveis pela cobertura do departamento, setor, secretaria ou repartição em que trabalhavam. A prática era antiga e tornou-se mais intensa com o passar dos anos. Conflitos éticos e coberturas propositadamente facciosas eram comuns.

Getúlio Vargas estaria no centro de polêmica em seu segundo governo. Com o apoio de bancos oficiais e contando com as facilitações políticas possibilitadas por sua relação com o presidente, o jornalista Samuel Wainer fundou, em 1951, o jornal *Última Hora*. Em seu primeiro número, jurou fidelidade a Getúlio Vargas em qualquer situação, apresentando, já na primeira página, comunicado do presidente especialmente redigido para o lançamento do periódico. O próprio Wainer resume a relação entre imprensa e poder público antes do golpe de Estado de 1964:

> Como os recursos obtidos com as vendas em bancas e assinaturas eram insuficientes, os meios de comunicação precisavam valer-se de outras fontes de renda, utilizando como moeda de troca seu peso junto à opinião pública. Graças a esse trunfo, os barões da imprensa sempre mantiveram relações especiais com o governo, que tanto lhes prestava favores diretos como beneficiava seus amigos — amigos que sabiam retribuir a ajuda recebida. Para assegurar o apoio dos meios de comunicação, ou ao menos evitar que lhe fizessem oposição frontal, o governo contemplava jornais e revistas com isenções fiscais, facilidades para a importação de papel, eventualmente anúncios.[15]

Obviamente, o grau de dependência financeira da imprensa em relação ao poder público variou entre os diversos órgãos. Houve os que, aliados ao governo — como *O País*, anteriormente citado —, não hesitaram em recorrer com freqüência aos cofres públicos. Houve, ainda, jornais e revistas que contaram com a publicidade oficial, responsável por parte de seu faturamento. Houve, por último, publicações combativas e críticas, algumas de vida efêmera, que não recorreram aos cofres públicos, seja por convicção, seja por impossibilidade.

Assim, para os jornais amigos, os governantes não hesitaram em utilizar os cofres públicos para uma prática escusa, ou seja, a compra de opinião de órgãos jornalísticos, e estes habitualmente não se portaram de forma independente e apta a exercer suas funções primordiais. Aos jornais e jornalistas adversários, o

---

[15] Wainer, 1987:224.

poder público reservou política distinta, baseada em todo tipo de coerção, desde a agressão física dos profissionais ao empastelamento dos periódicos.

Já do ponto de vista legal, a relação entre os dois atores caracterizou-se pela demora e descaso na consolidação do aparato necessário à regulamentação da comunicação social. A profissão de jornalista só seria oficialmente reconhecida na década de 1930. No que tange à radiodifusão, a demora, ainda que menor, foi igualmente considerável. A primeira transmissão radiofônica no Brasil foi feita em 1922, mas o setor só começou a ser regulamentado por dois decretos (nº 20.047 de 1931 e nº 21.111 de 1932) do então presidente Getúlio Vargas. As rádios comunitárias só se tornaram alvo de regulação própria em 1998. A primeira transmissão televisiva foi feita em 1950, instalando-se uma confusão legal no setor: como deveria ser fiscalizada essa atividade, ainda sem legislação própria?[16] Somente em 1962 foi promulgada a Lei nº 4.117, o Código Brasileiro de Telecomunicações (CBT), que regulamentou os setores de radiodifusão e de telefonia, encarados de forma dissociada a partir dos anos 1990. Anteriormente, em 1955, por intermédio da Lei nº 2.597, o setor de telecomunicações já havia sido reconhecido como de interesse para a segurança nacional.

Se o governo dispunha de grande margem de manobra no seu tratamento para com a imprensa, esta passou a estar presente na máquina burocrática nas primeiras décadas da República. Os "barões da imprensa", como Wainer os chamou, e seus aliados passaram a pleitear cargos legislativos, foram eleitos e, na década de 1960, já constituíam importante bancada no Congresso Nacional. No processo de aprovação do CBT, eles revelaram a dimensão dessa força.

Fruto de nove anos de negociações, o Código Brasileiro de Telecomunicações chegou às mãos do presidente da República João Goulart graças ao entendimento entre militares e civis. Mas era impreciso quanto aos critérios para distribuição de concessões de emissoras de rádio e televisão, e também quanto a punições de possíveis infrações. Técnico em sua essência, não estipulava limites rígidos para as diferentes formas de preenchimento das freqüências.

O presidente João Goulart estabeleceu 52 vetos ao analisar a lei.[17] Na nova versão, incisos, parágrafos e até artigos inteiros foram suprimidos. Em linhas gerais, João Goulart questionou possíveis imprecisões jurídicas do texto e defendeu uma maior margem de manobra para o Estado. Criticava o estabe-

---

[16] Ver Godoi, 2001.
[17] Para exemplos desses vetos e suas razões, ver o anexo 1.

lecimento de prazo fixo para a duração das concessões, o qual devia ser prerrogativa do poder público; defendia a verificação antecipada da veracidade das informações veiculadas; reclamava da possibilidade de renovação das concessões sem anuência da autoridade concedente e pleiteava liberdade para que o Poder Executivo tratasse das tarifas.

Os vetos levaram os empresários da radiodifusão a se organizar e criar a Associação Brasileira de Emissoras de Rádio e Televisão (Abert). Graças à ação da Abert e da bancada da radiodifusão no Congresso Nacional, foram derrubados um a um, em votação histórica, todos os vetos do presidente João Goulart. Estava aprovado, assim, o código que atualmente regula a radiodifusão — e que já regulou a telefonia — no país. O regulamento dos serviços de radiodifusão foi aprovado pelo Decreto nº 52.795 de 1963.

Os executores da reforma

Estudiosos da área e detentores de conhecimentos de caráter principalmente técnico, os militares tiveram ingerência nos setores de telecomunicações e radiodifusão desde os primórdios da República. Prova dessa atuação é a participação das Forças Armadas na Comissão Técnica de Rádio (CTR), responsável por regular a radiodifusão brasileira de 1931 a 1962: dos três membros dessa comissão, dois eram indicados pelos ministérios militares e seu presidente sempre foi um oficial. No Conselho Nacional de Telecomunicações (Contel), criado pelo Código Brasileiro de Telecomunicações, essa representação era proporcionalmente menor: dos 10 membros previstos no código, quatro seriam indicados pelas Forças Armadas, não havendo impedimento para que os demais componentes, vindos de outras unidades administrativas, também fossem militares. Até 1967 a presidência do Contel sempre foi exercida por militares.

A importância dada ao setor pelos militares torna-se ainda mais evidente com a promulgação da Lei nº 3.654 de 1959. Foram então criadas as armas de Engenharia e de Comunicações do Exército Brasileiro, sendo esta última essencialmente ligada ao exercício do comando, tanto em situação de paz quanto de guerra. A criação das armas dava às Forças Armadas, já reduto de especialistas, legitimidade para participar da administração pública no setor das comunicações, bem como estimulava a formação de novos técnicos e o desenvolvimento de estudos aprofundados. Adicionalmente, como lembra Mathias (1999), era pequena a demanda por especialistas civis, dada a precariedade das comunicações no Brasil até a década de 1960.

Até 1964, de acordo com Haroldo Corrêa de Mattos (1984), ministro das Comunicações no governo de João Figueiredo, o serviço telefônico era oferecido por mais de 800 concessionárias locais que não dispunham de homogeneidade técnica, existiam, em média, menos de dois telefones por 100 habitantes no país, a radiodifusão era local ou regional e não havia registro completo das emissoras brasileiras de rádio e de televisão.

Depois da instalação do regime militar, os principais postos da administração pública no setor de comunicações passaram a ser ocupados, cada vez mais, por membros das Forças Armadas. Note-se que o trabalho de formação de especialistas, desenvolvido nas escolas e demais unidades militares há mais de 30 anos, já tinha tempo de vida suficiente para render frutos. Não é exagero dizer que os militares, quando assumiram o poder no Brasil, já dispunham de quadros, ao menos do ponto de vista técnico, para promover o desenvolvimento das telecomunicações e da radiodifusão.

O primeiro dos cinco presidentes da República provenientes do Exército, o marechal Castello Branco, criou em 1967 o Ministério das Comunicações (MC). Ficava agora evidente, para a sociedade civil, a importância do setor para os militares. Antes da criação do MC, os assuntos referentes ao tema eram tratados pelos ministérios de Viação e Obras Públicas, aplicando um enfoque técnico ao tema, e da Justiça, dando uma ênfase política ao setor.

Mattos (1984) lembra que o MC, desde a sua fundação, tinha como objetivos a promoção da integração e do desenvolvimento nacionais, a difusão da informação, educação e cultura, e a garantia da segurança nacional. A idéia de integração faz parte da promoção do desenvolvimento, tal como refletido em políticas públicas de prestação de serviços relativos ao setor e de incentivo à consolidação de indústrias e de tecnologia nacionais. A difusão da informação, por meio do estímulo à radiodifusão, seria, por assim dizer, função premente de um órgão público voltado para a comunicação. A questão da garantia da segurança nacional será analisada mais adiante.

De acordo com depoimento de Euclides Quandt de Oliveira (2005), que deixara a presidência do Contel e viria a ser posteriormente ministro das Comunicações, o ministério foi criado com uma estrutura precária. Ao ministro somavam-se o secretário-geral, que acumulava a presidência do Contel, e dois ou três assessores, reunidos em um gabinete e sem sede fixa. A melhora da estrutura, de acordo com Oliveira, viria a ocorrer apenas durante o governo Médici.

A nova pasta ficou a cargo de oficiais durante quase todo o regime militar. A exceção foi Carlos Furtado Simas, primeiro ministro das Comunicações no Brasil entre 1967 e 1969. Nascido em 1913, Simas era professor universitário, engenheiro civil e elétrico e presidente da Telebasa, a companhia telefônica da Bahia. Como ministro, criou a Embratel e defendeu um sistema de telecomunicações nacional, tópicos a serem discutidos ainda neste capítulo. Ao deixar o cargo, voltou a exercer a docência, vindo a falecer em 1978.

O ministro escolhido por Costa e Silva para comandar as Comunicações não era militar, mas seus assessores e subordinados, sim. Dos 16 funcionários que compunham a ainda pequena estrutura do Ministério das Comunicações logo após a sua fundação, 11 eram militares — ou seja, 68,75% dos funcionários do MC pertenciam aos quadros das Forças Armadas. Segundo Mathias (1999), no governo de Costa e Silva a ocupação por militares de cargos destinados a civis era, em média, de 12%.

Para substituir Simas, o então presidente da República Emílio Garrastazu Médici nomeou o coronel do Exército Higino Caetano Corsetti, militar com curso avançado em comunicações em Nova Jersey e dono de um currículo vasto: foi chefe do curso de eletricidade e eletrônica da Escola de Comunicações da Vila Militar do Rio de Janeiro, organizador do curso de comunicações da Academia Militar das Agulhas Negras em Resende (RJ), comandante e diretor de ensino da Escola de Comunicações do Exército, chefe da Seção de Operações da Diretoria Geral de Comunicações do Exército e membro do gabinete do então ministro da Guerra do governo Castello Branco, Arthur da Costa e Silva. Durante a gestão de Corsetti à frente do Ministério das Comunicações foi implantado o sistema de discagem direta a distância (DDD), criada a Telebrás e feita a primeira transmissão em cores da história da televisão brasileira.

O oficial da reserva da Marinha Euclides Quandt de Oliveira assumiu o Ministério das Comunicações em 1974 como um dos primeiros escolhidos para compor o governo de Ernesto Geisel.[18] Quandt trabalhou no Serviço de Comunicações do Comando da Força Naval do Nordeste, em Recife, organizou e instalou a Escola de Eletrônica da Marinha, foi presidente do Conselho Nacional de Telecomunicações (Contel), onde defendeu o investimento maciço na Embratel e estimulou a abertura de cursos técnicos de telecomunicações, vice-presidente da Comissão Interamericana de Telecomunicações (Citel) e presidente da Telebrás. Como ministro, ampliou os investimentos em telefonia e os estudos sobre transmissão por satélites.

---

[18] Ver Gaspari, 2003.

O último ministro das Comunicações do regime militar foi o oficial do Exército Haroldo Corrêa de Mattos. Professor universitário, ex-presidente da Empresa de Correios e Telégrafos e da Embratel, Mattos extinguiu a concessão de sete emissoras que faziam parte da Rede Tupi, pertencente aos Diários Associados, grupo que nas décadas de 1940 e 1950 tornou-se a primeira potência entre as empresas jornalísticas brasileiras. Essa medida adotada por Mattos é um marco conclusivo da reformulação das empresas jornalísticas e de radiodifusão feita durante o regime militar, a qual será abordada mais adiante.

O breve perfil de cada ministro evidencia o investimento feito durante décadas pelas Forças Armadas na formação de especialistas para a área das comunicações. Assim como os ministros aqui mencionados, diversos militares tiveram experiências semelhantes, não por acaso assumindo postos de destaque na administração pública no pós-1964. Nos anos seguintes, oficiais ocupariam a presidência e outros cargos em importantes órgãos federais e empresas estatais no campo das comunicações, como o Departamento Nacional de Telecomunicações (Dentel), o Departamento de Correios e Telégrafos, o Conselho Nacional de Telecomunicações (Contel), a Telebrás e a Embratel.

As comunicações e a Segurança Nacional

No pós-1964, o preenchimento dos principais postos da administração pública no setor das comunicações pelos militares não se deu apenas por sua competência técnica. Não somente a ocupação desses cargos, como também a criação do Ministério das Comunicações, a renovação do aparelho legal e a criação de empresas estatais que operavam em regime de monopólio são reflexo da ideologia difundida nos quartéis e posteriormente na sociedade civil. As comunicações, de acordo com discussões ocorridas ainda durante governos civis anteriores a 1964, eram questão de Segurança Nacional.

O Decreto nº 20.047 de 1931, primeira legislação brasileira referente às radiocomunicações,[19] estabeleceu em seu art. 12 que o serviço de radiodifusão

---

[19] Termo usado no próprio Decreto nº 20.047 para referir-se à utilização de "radioeletricidade, para a transmissão ou recepção, sem fio, de escritos, sinais, imagens ou sons de qualquer natureza por meio de ondas hertzianas", segundo seu art. 2º. Optou-se, neste livro, pela utilização, no mais das vezes, do termo radiodifusão, já consagrado pela literatura.

é de interesse nacional e tem a educação como finalidade principal. O papel da radiodifusão é reforçado pela Lei nº 2.597 de 1955, que versa sobre zonas estratégicas para a defesa do país. Segundo o art. 6º dessa lei, os meios de comunicação, entre os quais o rádio e a televisão, são considerados de interesse para a Segurança Nacional.

O conceito de Segurança Nacional então vigente estava em grande parte atrelado às idéias de Golbery do Couto e Silva, general do Exército e ministro-chefe da Casa Civil no governo de Ernesto Geisel. Cabia ao Estado, segundo Golbery, combater possíveis ameaças à vida da população e dos governantes e ao funcionamento da máquina administrativa, ou seja, cabia-lhe garantir a segurança da nação. Garantir a Segurança Nacional seria fundamental para atingir os objetivos nacionais permanentes (ONP), etapas a serem atingidas visando ao desenvolvimento do país.

Essa tarefa só poderia ser desempenhada em sua plenitude se o Estado, em uma situação de ameaça, fosse capaz de agir sem limitadores legais. A Segurança Nacional estava, enfim, acima de direitos individuais. Como frisa o próprio ministro:

> não há de fato — nem poderia haver em sã consciência — quem negue ao governo a responsabilidade total e, pois, o direito incontestável de agir, orientando, mobilizando, coordenando, para tal fim, todas as atividades nacionais. E a concentração maior de poder que daí resultar, em mãos dos delegados da vontade do povo, a ampliação da esfera de atribuições reservada ao Poder Executivo, as restrições impostas aos próprios direitos de cidadania na forma prevista nos textos constitucionais são corolários iludíveis de toda situação de reconhecida gravidade para a Segurança Nacional — a aplicação de tais corolários comportando, como é evidente, grande margem de flexibilidade que lhes permita convenientemente adequar-se ao progressivo aumento ou relaxação das tensões externas ou internas que se estejam a manifestar.[20]

Uma vez aceito, o corolário da Segurança Nacional justificava a concessão de poder quase ilimitado ao chefe do Poder Executivo.[21] Nas comunica-

---

[20] Couto e Silva, 1981:22-23.
[21] Essa interpretação do conceito de Segurança Nacional tornou-se mote para justificar o combate, por meio de aparelho repressivo próprio, a oposicionistas do regime. Daí, por exemplo, a criação, durante o regime militar, do Centro de Informações do Exército (CIE), do Centro de Informações e Segurança da

ções, a garantia da Segurança Nacional implicaria o alcance, em parte, dos objetivos nacionais permanentes, dando ao país uma rede de comunicações eficiente e uma indústria forte, amparada por tecnologia nacional.[22] Segundo o então presidente da República Arthur da Costa e Silva, "mais comunicações é mais segurança, mais bem-estar, maior velocidade na penetração da civilização contemporânea nos distantes e silenciosos rincões de nossa pátria".[23]

Comunicar de forma massificada, fazendo uso de meios de radiodifusão, depende por si só de concessão do poder público — especificamente do Poder Executivo, até a promulgação da Constituição Federal de 1988. A radiodifusão está, pois, atrelada ao Estado, também responsável por garantir a Segurança Nacional. Ressalte-se que não se está criticando a necessidade de uma regulação da radiodifusão por parte do Estado. Do ponto de vista técnico, é obviamente necessária a regulação da distribuição de concessões de emissoras de radiodifusão, já que é finito o número de freqüências disponíveis para a transmissão de sinais de rádio e de televisão.

Não raro os militares ocupantes de altos cargos na administração pública e na hierarquia das Forças Armadas relacionaram radiodifusão com Segurança Nacional. Em processo de investigação da fundação da TV Globo, na década de 1960, ao menos dois oficiais deixaram clara a sua preocupação com a possibilidade de associação de uma emissora brasileira a um investidor estrangeiro, portanto, não ligado aos princípios da Segurança Nacional. Assim manifestavam-se em relação aos ataques feitos pelo deputado e diretor dos Diários Associados, João Calmon, principal crítico do acordo envolvendo a TV Globo e o grupo norte-americano Time-Life.

O comandante do III Exército, general Justino Alves Bastos, enviou a João Calmon, no dia 14 de abril de 1966, a seguinte mensagem: "Estou certo de que a vigilância do Governo do Marechal Castelo, bem como a patriótica pregação do nobre deputado evitarão as ameaças reveladas por Vossa Excelência e tramadas dentro e fora do nosso território".[24]

Aeronáutica (Cisa) e do Serviço Nacional de Informações (SNI) — este último planejado, criado e comandado, em sua primeira fase, por Golbery. Dedicaram-se esses órgãos, em grande parte, ao combate a grupos armados de orientação de esquerda, identificados por Golbery do Couto e Silva (1981:41) como "poderosa quinta-coluna agindo, tanto prévia como simultaneamente, sempre em estreita coordenação com quaisquer planos de agressão arquitetados no Kremlin" — portanto, ameaça externa ao Brasil e à sua segurança.
[22] Ver Mattos, 1984.
[23] Apud Mathias, 1999:162.
[24] Apud Herz, 1988:166-167.

Mais enfático foi o general Peri Bevilácqua, ministro do Superior Tribunal Militar, em entrevista concedida aos Diários Associados:

> É fora de dúvida que essa intromissão e conseqüente influência alienígena sobre a opinião pública comprometem a segurança nacional. É um caso de polícia. É um atentado frontal à Constituição dos Estados Unidos do Brasil. Não apenas a Constituição, mas também o Código Brasileiro de Telecomunicações é violentado, quando estrangeiros indesejáveis são admitidos em parceria por brasileiros esquecidos do seu dever de obediência à lei do país e à organização de telecomunicações que lhes foram concedidas pelo Estado.[25]

Os dois militares são claros: a ação do capital estrangeiro nos meios de comunicação causaria dano à soberania do país. Tratar-se-ia de ação destinada, a julgar pelo poderio de difusão ideológica inerente aos meios de comunicação, à propagação de valores não necessariamente nacionais, capazes de prejudicar, como diz claramente Bevilácqua, a Segurança Nacional.

Assim, as causas para a ocupação de cargos da administração pública no campo das comunicações pelos militares não se restringiam, como já dito, à sua competência técnica para o exercício dessas funções e à importância delas para a política de desenvolvimento articulada pelo regime. Lá estavam membros das Forças Armadas porque estas, de acordo com a ótica difundida, deveriam garantir, em última instância, a Segurança Nacional.

A reforma legal

A legislação relativa às comunicações é caracterizada pela lentidão e pelo descaso do poder público. Tradicionalmente a promulgação de um diploma legal nesse campo dá-se como resposta a uma situação já preestabelecida, o que leva à necessidade de reconhecimento de direitos previamente adquiridos. Assim, por exemplo, quando foi promulgado, em 1931, o Decreto nº 20.047 para regular a radiodifusão, o Estado estava lidando tardiamente com 29 emissoras de rádio já estabelecidas e em funcionamento, em alguns casos, há quase uma década. Portanto, a ação do Estado num setor vinculado à Segurança Nacional caracterizavase como reativa e, portanto, limitada. Não seria exagero afirmar que proativo foi

---

[25] Apud Herz, 1988:167.

o comportamento adotado pelo mercado e pela iniciativa privada, já que deles dependiam, na prática, os rumos da radiodifusão e da imprensa brasileiras.

Qualquer governo interessado em maior regulação das comunicações no Brasil deveria, pois, adotar postura diferente da de seus antecessores. A legislação pálida e reativa deveria ser substituída por instrumentos que a adaptassem ao cenário contemporâneo e avançassem em questões ainda não discutidas, estabelecendo assim o Estado como ator determinante do processo de regulação.

Pode-se questionar, em contrapartida, a necessidade de apego a normas legais por parte de um regime autoritário. Smith (2000), no entanto, demonstra que o apreço às leis — ainda que autoritárias em sua essência e passíveis de descumprimento no dia-a-dia — era característica comum aos presidentes militares brasileiros. Tratava-se, segundo a autora, de buscar no campo legal legitimidade para governar o país e figurar como chefes de um Estado democrático.

Uma das primeiras incursões dos militares no campo da legislação brasileira referente às comunicações foi o Decreto-Lei nº 236 de 1967. Pela primeira vez na história do país um marco legal estabeleceu limites para a propriedade dos meios de comunicação, de acordo com os seguintes critérios:

> Art. 12. Cada entidade só poderá ter concessão ou permissão para executar serviço de radiodifusão, em todo o país, dentro dos seguintes limites:
> 1. Estações radiodifusoras de som: a) locais: ondas médias, quatro; freqüência modulada, seis; b) regionais: ondas médias, três; ondas tropicais, três, sendo no máximo duas por estado; c) nacionais: ondas médias, duas; ondas curtas, duas.
> 2. Estações radiodifusoras de som e imagem: 10 em todo território nacional, sendo no máximo cinco em VHF e duas por estado.

Tratava-se de documento legal já marcado por um grau de autoritarismo que iria aumentar na legislação brasileira nos anos seguintes, devido ao endurecimento do regime militar nos mais diversos setores. De acordo com o Decreto-Lei nº 236, tornava-se passível de punição o uso de emissoras de rádio e televisão para incitar a desobediência às leis, ultrajar a honra nacional, fazer propaganda de guerra ou de processos de subversão, ofender a moral, insultar os poderes da República e colaborar na prática de rebeldia, entre outros. Note-se que esses são conceitos amplos, passíveis de interpretação igualmente ampla e aplicáveis a grande parte das notícias veiculadas pelos meios de comunicação.

A Lei nº 5.250 de 1967, conhecida como Lei de Imprensa, também estabeleceu parâmetros coercitivos. Em seu art. 1º afirma que são livres a manifestação do pensamento e a difusão de idéias, mas logo no *caput* do mesmo artigo estabelece a proibição de propagandas de guerra e de processos de subversão da ordem. A Lei de Imprensa institui punições, introduz parâmetros para definição dos responsáveis pelas matérias jornalísticas e do direito de resposta, e cria a obrigatoriedade de registro para publicações impressas (e, conseqüentemente, a categoria de "publicações clandestinas"). Em respeito às garantias constitucionais democráticas, o art. 66, que viria a ser desprezado, estabeleceu que os jornalistas profissionais não poderiam ser detidos ou presos antes de sentença transitada em julgado. No mais, a Lei de Imprensa reafirma que apenas brasileiros natos podem ser donos das empresas jornalísticas e responsáveis pela sua orientação ideológica, diretriz consoante com as demais regulamentações do setor. Complementando a matéria regulada pela Lei de Imprensa, o Decreto-Lei nº 972 de 1969 estabelece prazos e condições para a obtenção do registro de jornalista profissional e caracteriza a prática da profissão.

Além dos dois principais documentos legais referentes à radiodifusão e à imprensa criados no regime militar, um conjunto de leis destinadas à sociedade civil de modo geral restringiu a liberdade de imprensa e a manifestação de idéias no Brasil pós-1964. Em dezembro de 1968, o regime militar decidiu estancar as crescentes contestações à situação política do país — manifestadas pela sociedade civil em protestos, passeatas e movimentos organizados e também por políticos da oposição em seus discursos — com um instrumento legal já conhecido: o ato institucional (AI). Já eram quatro os atos institucionais outorgados desde 1964; o quinto e último viria em dezembro de 1966. A menção à sigla lembrava punições e reformas políticas.

O texto do AI-5 tornou-se conhecido na noite de 13 de dezembro de 1968. Mantinha-se a Constituição Federal de 1967, acrescida das mudanças presentes no novo ato institucional. Com base nele, o presidente da República poderia decretar o recesso do Congresso Nacional e de assembléias legislativas, intervir no governo de estados e municípios, cassar e suspender direitos políticos, decretar e prorrogar o estado de sítio e confiscar os bens de funcionários públicos corruptos. Ficavam suspensas garantias como a vitaliciedade, a estabilidade e, em crimes políticos contra a Segurança Nacional, o *habeas corpus*. No que tange à imprensa, essas restrições significavam que os jornalistas enquadrados em crimes previstos na Lei de Imprensa — cujos critérios, como já visto, eram fluidos e passíveis de múltiplas interpretações — poderiam ter seus direitos políticos suspensos e cassados e, quando presos, não teriam direito a *habeas corpus*. Além disso, o art. 9º abria prerrogativa para a decretação de censura ao facultar ao Poder Executivo a possibilidade de baixar atos complementares visando à defesa do *status quo* vigente.

Os crimes contra a Segurança Nacional foram redefinidos quase 10 meses depois. Em setembro de 1969, entrou em vigor o Decreto-Lei nº 898, conhecido como Lei de Segurança Nacional, que revogou legislação similar anterior, o Decreto-Lei nº 314 de 1967. Em seu art. 1º, afirma que todas as pessoas são responsáveis pela Segurança Nacional, estando todos, implicitamente, submetidos aos ditames previstos no documento. Os crimes e punições previstos na lei são regulados por 47 artigos. Entre os primeiros, destacam-se entendimentos com outros países para prejudicar a soberania nacional, sabotagem de instalações militares, propagandas consideradas subversivas, espionagem em proveito de outro país, divulgação de fato ou notícia falsa com o intuito de criar conflito entre as autoridades e a sociedade civil, destruição de símbolos nacionais, subversão da ordem, estímulo à guerra revolucionária ou subversiva, roubo de bancos com qualquer finalidade, ofensa à honra de autoridades, promoção de greve e criação de organizações paramilitares, entre outros. As penas, dependendo dos crimes, variavam de oito meses à morte, e os julgamentos poderiam ocorrer em foro militar, na prática mais rigoroso.

Além de cercear as liberdades individuais e ampliar a possibilidade de punições rigorosas a opositores do regime militar, a Lei de Segurança Nacional apresentou brechas semelhantes aos outros marcos legais estudados. Os conceitos de "Segurança Nacional" e "subversão" continuavam caracterizados de forma ampla e passível de diferentes interpretações. Eram, na verdade, definidos ao sabor do momento pelas autoridades constituídas.

Para a imprensa, a Lei de Segurança Nacional representava um perigoso cerceamento. A liberdade de manifestação de pensamento, já comprometida pelas circunstâncias, tornava-se ainda mais frágil com a possibilidade de ser encarada como propaganda subversiva ou tentativa de confrontar sociedade e governo. A possibilidade de aproximar, por meio legal, jornalistas no cumprimento de suas funções, críticos do regime e integrantes de grupos guerrilheiros era propositalmente perigosa, visto que associava um dos pilares das democracias modernas, ou seja, a imprensa independente e fiscalizadora do poder público, ao conceito de "subversão" difundido pela propaganda governamental. Ao abarcar todos esses três atores em uma mesma lei, o regime militar estabeleceu sobre a imprensa o manto da desconfiança constante e vigilante e atraiu para si, em tese, o poder de atribuir confiabilidade ao noticiário diário. Se a imprensa podia ser associada à "subversão", era melhor que a população se mantivesse vigilante e confiasse apenas na versão oficial, apresentada pelos defensores da Segurança Nacional.

Uma rápida análise dos documentos legais mencionados demonstra a diversidade de formas disponíveis para a punição a jornalistas críticos do regime. A tarefa mais difícil não seria constatar uma irregularidade — seria, dado o amplo leque legal existente, não enquadrar os opositores em nenhum crime. O olhar vigilante sobre a "subversão" e suas diferentes formas de manifestação estabelecia, na prática, que todos eram virtualmente culpados até prova em contrário. Estava assim configurada uma inversão na lógica jurídica: tratava-se, então, de provar inocência, dia após dia.

A legislação existente colocou os jornalistas em outro patamar. Os tradicionais crimes de imprensa — calúnia, injúria e difamação — não atentavam mais apenas contra pessoas, mas, às vezes, contra a Segurança Nacional, ganhando importância distinta. Ofendidos e Segurança Nacional podiam, então, confundir-se.

Ainda faltava, porém, regulamentação precisa sobre uma prática. Os crimes e punições estavam claros, mas ainda não havia regulamentação para prevenir supostos delitos cometidos pela imprensa e evitar os transtornos daí decorrentes. Em outras palavras, faltava respaldo legal para o exercício da censura aos meios de comunicação de massa e à prática jornalística. A partir de 1970, não faltava mais.

Censura como política de Estado

Se, por um lado, os militares, quando chegaram ao poder, já eram dotados de conhecimentos técnicos suficientes para empreender mudanças na radiodifusão e nas telecomunicações brasileiras, por outro não dispunham de experiência para lidar com a imprensa. Na verdade, pouco tinham lidado com a práxis jornalística cotidianamente, até mesmo pelo simples fato de jamais terem governado o país durante longos períodos. Dos 26 homens que ocuparam a Presidência da República, seja como representantes eleitos, seja em épocas de vacância do poder antes de Castello Branco, apenas sete eram militares, incluindo três membros de uma junta que durante 11 dias governou o país antes da posse de Getúlio Vargas. O mais longo período em que os militares permaneceram no poder durou cinco anos, de 1889 a 1894.

Tradicionalmente as políticas públicas direcionadas à imprensa fiel ao regime restringiam-se à subvenção, por meio de crédito e publicidade oficiais.

Governos de cunho autoritário não hesitaram, de acordo com a tradição brasileira, em censurar e apreender publicações consideradas demasiado críticas. Historicamente, a censura pouco coube às Forças Armadas, sendo essa, no mais das vezes, uma função de setores das forças policiais e de civis contratados para esse fim.

A censura prévia de espetáculos públicos, programas de rádio e de televisão e músicas era tarefa do Serviço de Censura de Diversões Públicas, ligado ao Departamento Federal de Segurança Pública, de acordo com o Decreto-Lei nº 20.493 de 1946, tido por Kushnir (2004) como um dos pilares da censura durante o regime militar, ainda que tenha sido promulgado antes de sua instalação. Foram criados, no início do regime militar, documentos legais capazes de restringir a liberdade de imprensa e submetê-la aos ditames do poder público, porém faltava uma legislação específica para viabilizar a censura prévia à imprensa.

Ainda no dia 13 de dezembro de 1968, data da promulgação do Ato Institucional nº 5, redações do Rio de Janeiro e de São Paulo receberam manuais de comportamento assinados por generais.[26] Ficava proibida a divulgação de notícias contrárias ao regime, incluindo-se aí aquelas referentes a greves, declarações de personalidades cassadas, protestos estudantis de natureza política, movimentos operários e atos de violência praticados por grupos guerrilheiros. Porém, o marco legal do regime militar referente à censura da imprensa só seria promulgado em 1970: o Decreto-Lei nº 1.077. O governo do general Emílio Médici proibiu, então, publicações e exteriorizações ofensivas à moral e aos bons costumes em qualquer meio de comunicação. Se fosse necessário, o ministro da Justiça poderia solicitar prévia verificação de livros e revistas.

Smith (2000) sustenta que o Decreto-Lei nº 1.077 possibilitava a proibição moral de livros e de periódicos, mas não se referia à censura de informações. Segundo a autora, a censura prévia de jornais e revistas permaneceria, pois, ilegal.

É aceitável o argumento de que o texto desse decreto-lei é genérico e impreciso. Em nenhum momento ele utiliza a palavra "censura", a não ser quando se refere ao Conselho Superior de Censura, órgão que seria instalado apenas em 1979 e que contaria com a participação de representantes da sociedade civil. Em 1970, no entanto, já eram tantos os documentos legais que dilapidavam a liberdade de imprensa, e tantas as práticas coercitivas empregadas pelo regi-

---

[26] Ver anexos 2 e 3.

me militar, que a censura à imprensa tornava-se mera conseqüência de um ambiente essencialmente autoritário.

Diversas eram as técnicas usadas pelas instâncias de poder responsáveis pela censura. A mais comum, na década de 1970, eram os recados transmitidos às redações por bilhete ou telefone. Quase sempre anônimos, vinham acompanhados de expressões como "por ordem superior" e "está proibido". Raramente esclareciam de quem partia a ordem, ora atribuída ao ministro da Justiça, ora a autoridades policiais ou militares. Por vezes, chegavam a ser fonte de informação para jornalistas: ocultada a informação, graças ao medo impingido aos canais de comunicação disponíveis, eram os bilhetes que revelavam, em suas proibições, os detalhes dos fatos. Conforme levantamento feito por Smith (2000), o *Jornal do Brasil* recebeu 256 bilhetes com proibições, entre setembro de 1972 e outubro de 1975; a *Folha de S. Paulo*, 286, entre março de 1972 e dezembro de 1974; e três jornais de Salvador, 308, entre 1969 e 1978. As proibições oficiais diminuíram a partir do governo do general Ernesto Geisel. De 106 em 1973, aumentaram para 117 em 1974 e caíram vertiginosamente para oito em 1975. A autora assim descreve o rito de distribuição das proibições:

> Os bilhetinhos não tinham qualquer base jurídica, o que se manifestava na maneira pela qual eles eram distribuídos. A Polícia Federal mandava proibições por telefone, telegrama ou documento escrito. O papel era comum e não trazia qualquer timbre ou carimbo, o que era bastante raro na burocracia brasileira e devidamente observado por muitos jornalistas. Dessa maneira, o documento em si não dava nenhuma indicação da origem da proibição. Os bilhetinhos propriamente ditos eram levados a cada jornal por um policial de nível inferior. Embora o papel comum ocultasse a autoridade de onde provinha a ordem, o policial uniformizado indicava com bastante clareza quem ela era.[27]

Havia lógica na forma de distribuição dos bilhetes. Sendo anônimos, na prática não eram emitidos por ninguém especificamente. Portanto, dificilmente poderiam gerar qualquer reclamação incisiva por parte dos jornalistas, já que eles não saberiam com precisão a quem recorrer. Seus distribuidores eram policiais de patentes inferiores encarregados de cumprir ordens, sem qualquer ingerência nas proibições. Ainda que seus uniformes revelassem a corporação

---

[27] Smith, 2000:141.

responsável pela ordem, não ficava claro quem era o autor da mesma. Entregues a jornalistas ocupantes de cargos hierarquicamente altos e responsáveis pela produção jornalística do periódico, os bilhetinhos atingiam seu alvo e cumpriam o objetivo pretendido, ou seja, a não-veiculação de determinada informação. Não havia possibilidade de um determinado periódico não acusar o recebimento do bilhete, já que cabia a quem o recebia assinar um recibo. Anônimos, enfim, os bilhetes transmitiam um recado claro: a ordem deveria ser cumprida sem hesitação ou discussão.

Cabe questionar até que ponto tais ordens eram dadas por autoridades devidamente responsáveis por essa atividade. Se, por um lado, era inegável o conhecimento dessa prática pelas instâncias de poder ligadas diretamente aos altos cargos da administração pública, por outro, o anonimato dava margem à utilização desse expediente por membros das forças policiais de hierarquia mediana interessados em ordenar a não-veiculação de determinada informação. Assim, é razoável supor-se a inexistência de um controle total desse procedimento pelas autoridades competentes.

Já que os bilhetes atingiam seus objetivos, a existência de censores presentes rotineiramente nas redações limitou-se a casos específicos. Pouquíssimas publicações de grande circulação tiveram, em suas redações, a presença física e constante de um censor. Da redação do jornal *O Estado de S. Paulo*, conhecido por substituir notícias censuradas por receitas culinárias e poemas, o censor saiu em janeiro de 1975 para não mais voltar. A censura prévia também esteve presente por longos períodos em *Veja, O Pasquim, Jornal da Tarde, Tribuna da Imprensa* e jornais da imprensa alternativa.

Mesmo não mantendo censores dentro de grande parte das publicações do país, os órgãos responsáveis pela vigilância à imprensa cumpriam sua tarefa de perto. Não são raros os casos de pessoas que misteriosamente passavam a trabalhar como repórteres nas redações sem que ninguém ali as conhecesse. Além disso, jornalistas trabalharam nos órgãos responsáveis pela censura, notadamente os que cuidavam da proibição de livros, músicas e espetáculos. Kushnir (2004) faz referência a alguns desses profissionais das letras (e da proibição das letras): no início da década de 1960, o chefe do Serviço de Censura na Guanabara, nomeado pelo governador e jornalista Carlos Lacerda, era jornalista há mais de 30 anos; e, no fim da década de 1960, sete dos 34 nomes listados como integrantes do Serviço de Censura eram jornalistas.

Tarefa principalmente da Polícia Federal, a censura era de responsabilidade de policiais e intelectuais. A mistura de formações qualificava o quadro de funcionários. Intelectuais entendem melhor, supõe-se, a mensagem subliminar transmitida por autores politicamente engajados, bem como percebem com mais facilidade e antecipadamente os problemas que podem advir de determinado material jornalístico.

A existência de jornalistas nos quadros dos serviços de censura remete à questão da resistência por parte dos meios de comunicação. Não foram comuns as reações aos bilhetes contendo proibições. De acordo com pesquisas e relatos históricos, as ordens não deixaram de ser cumpridas, e a liberdade de imprensa não teve defesa incondicional. Nesse sentido, é revelador o depoimento de Walder de Góes, ex-supervisor do *Jornal do Brasil*:

> Havia autocensura, no sentido de que a aceitávamos, mas se não o fizéssemos o jornal seria fechado (...). Poderia ter sido feito mais do que estava sendo feito. Poderia ter havido maior resistência. O medo era maior do que a ferocidade do animal. Poderia ter havido mais resistência, não?[28]

Góes começa a justificar a aceitação da censura pela existência de um compromisso maior com a sobrevivência do jornal. Depois, termina por reconhecer a inexistência de uma pressão suficientemente grande para justificar o silêncio e a ausência de reação.

A vigência da censura à imprensa durante um longo espaço de tempo imprime novos traços culturais nos jornalistas e deixa um rastro de medo em quem lida, de alguma forma, com a produção de conteúdo noticioso. No Brasil, essas conseqüências se fariam presentes ainda depois do fim do regime militar, quando a censura à imprensa já não era mais uma realidade. Repórteres passam a comparar a importância da informação obtida com o volume de problemas que ela traz consigo. Se este for maior do que aquela, nem sempre fazem chegar a notícia a seus superiores. Editores passam a consultar sistematicamente seus superiores sobre a veiculação de informações negativas para personalidades de reconhecido prestígio político ou econômico. Jornalistas ocupantes de altos cargos hierárquicos e empresários dos meios de comunicação optam por veicular notícias que não os prejudiquem pessoalmente nem a suas empresas. Comportamento semelhante a esse pode ser observado em qualquer lugar do mundo, mas isso se torna ainda mais preocupante em cenários marcados pelo autoritarismo. É a autocensura, já citada por Góes.

---

[28] Apud Smith, 2000:166.

Kucinski classifica a autocensura como uma mentira ativa, já que consciente por parte do jornalista. Essa prática esconde do leitor que a informação está sendo omitida, ou seja, faz seu público-alvo acreditar na notícia como se ela fosse verdadeira e completa. E conclui:

> A autocensura é mais danosa do que a censura exógena exercida pelo Estado, porque implica o envolvimento da vítima da repressão na proposta repressiva. O jornalista que se autocensura é a primeira e principal vítima da autocensura. A censura exógena do Estado impede o exercício da liberdade, sem necessariamente afetar sua dignidade de ser humano e sua personalidade de homem livre. Já a autocensura atinge diretamente a integridade do ser, porque ele aceita a restrição à sua liberdade e se torna, ao mesmo tempo, agente e objeto da repressão. A invenção da autocensura é uma particularidade de regimes autoritários e, portanto, um dos critérios de demarcação desses regimes. A autocensura jornalística é tão originalmente nossa, latino-americana, que essa expressão não é usual nos léxicos de comunicação e jornalismo das democracias liberais.[29]

Assim, a autocensura pode ser vista em regimes autoritários como um objetivo final de uma política pública de censura. Espera-se que, submetidos à censura por muito tempo, os jornalistas sejam capazes de saber por si mesmos o que podem e o que devem publicar, bem como o que não devem jamais mencionar, na ótica do regime. Então já teriam se tornado capazes de censurar a si mesmos e de doutrinar gerações futuras. De acordo com essa visão, a permanência de censores nas redações ou o envio de bilhetes com proibições já não fariam mais sentido nessa nova realidade.

Coerção

Censura prévia e proibições por meio de avisos impediam a divulgação de material prejudicial ao regime militar, enquanto ameaças de processos a jornalistas com base na Lei de Imprensa e na Lei de Segurança Nacional estabeleciam o temor nas redações. Na prática, como frisou Góes, os mecanismos oficiais de punição pouco foram usados, em parte devido ao cumprimento das

---
[29] Kucinski, 1998:68-69.

proibições pela imprensa. Kucinski (1998) afirma que foram apenas 15 os jornalistas processados por crimes de imprensa, na maioria das vezes devido a textos publicados em jornais do interior do país.

Não se trata, aqui, de crucificar toda a imprensa por uma suposta falta de resistência. Seria até fácil fazê-lo, passados mais de 20 anos do fim do regime militar, com base na análise histórica de que poucas medidas coercitivas e punitivas foram de fato empregadas. Não se pode ignorar, entretanto, o ambiente de temor vivido não só pela imprensa, como também por toda a sociedade civil. Houve jornalistas e publicações, notadamente as menores, que se opuseram às regras estipuladas pelos militares. Um deslize poderia representar prejuízos para a integridade física dos funcionários da empresa e para a saúde financeira dela, como ocorreu no *Jornal do Brasil*.

Em 1978, o governo federal proibiu as entidades a ele ligadas, incluindo empresas estatais, de comprarem espaço publicitário naquele jornal carioca. À época, a linha editorial do jornal primava pela confrontação com o regime, mesmo que de acordo com os rigores das regras oficiais. A receita publicitária proveniente do governo, segundo Góes, representava 15% de todas as verbas recebidas pelo *Jornal do Brasil*.[30] Durante 40 dias a direção do jornal decidiu resistir. Terminou por ceder às pressões e recebeu de volta as verbas publicitárias.

Além da censura e do corte de verbas publicitárias, o governo, não só durante o regime militar, como também em outras fases da história do país, dispunha de outros mecanismos para pressionar e orientar a imprensa. Destacam-se, entre eles, a não-concessão de empréstimos por bancos oficiais, a recusa à aprovação de licenças para importação de equipamento e papel, o aumento da tributação sobre material importado e o confisco de tiragens.

Este último recurso foi usado com razoável freqüência durante o regime militar. Em 1977, a Polícia Federal apreendeu oito edições da *Tribuna da Imprensa* e, entre 1977 e 1982, 15 edições de *Repórter*. As apreensões significavam duplo prejuízo: financeiro, na medida em que se gastava com a publicação dos periódicos que não eram vendidos, e em termos de credibilidade junto aos leitores, já que os jornais sumiam das bancas sem que eles fossem previamente avisados.

Os métodos coercitivos e punitivos oficiais e seu emprego pareciam não ser suficientes para alguns setores das Forças Armadas. O Centro de Informações do Exército (CIE) discutia, em documento próprio, o uso de estratégias para

---

[30] Ver Smith, 2000.

inviabilizar financeiramente publicações contrárias ao regime sem confrontar a suposta liberdade de imprensa existente. Entre elas estavam a prática de auditorias rigorosas, a obrigatória declaração das fontes de recursos das publicações, a proibição imposta a jornais e revistas de terem funcionários acusados nos termos da Lei de Segurança Nacional e o cancelamento de registros de publicações que tivessem dívidas com o Tesouro Nacional. E o documento concluía:

> Com a finalidade de impedir a infame atividade da discordante imprensa alternativa, apresentamos sugestões práticas que produzirão resultados satisfatórios, se adotadas. Seria pura fantasia imaginar um curso de ação que não levasse em conta como fator importante a atual conjuntura política do país, que nesta área presume ampla liberdade de imprensa. Nada se fez para avaliar o mérito dessa posição; ao contrário, ela foi aceita como um fato consumado que tem sido aproveitado com total irresponsabilidade pelos comunistas, especialmente na imprensa alternativa, na qual eles exercem controle quase absoluto. Outro fator que devia ser lembrado é que as sanções econômicas exercem um efeito mais rápido, direto e positivo sobre qualquer publicação do que processos judiciais que, devido às características de nossa legislação, podem ser excessivamente demorados.[31]

Ao mesmo tempo que se fortalecia a proposta de abertura política, lentamente posta em prática pelo governo, e mesmo antes disso, grupos radicais formados por militares agiam com o objetivo não só de brecar a abertura, como também de ameaçar instituições favoráveis ao fim do regime. Os ataques eram atribuídos por setores das Forças Armadas a grupos guerrilheiros de esquerda, na verdade já dizimados há anos, motivando pedidos de aumento da repressão política.

Uma bomba atingiu o depósito do *Jornal do Brasil* em 7 de novembro de 1968. Na madrugada do dia 12 de março de 1970, um desses grupos integrados por militares lançou uma bomba na casa onde funcionava a redação de *O Pasquim*. Esse foi um dos poucos erros do grupo, já que a bomba não explodiu. Na hora do ataque a equipe do jornal realizava uma reunião. Em 10 de abril do mesmo ano, o grupo voltou a jogar uma bomba na mesma casa, com danos mais sérios. Em 19 de agosto de 1976, o atentado a bomba foi contra a sede da

---

[31] Apud Smith, 2000:76.

Associação Brasileira de Imprensa. Em 22 de setembro, outra bomba foi lançada na casa do jornalista Roberto Marinho, dono das Organizações Globo. A sede do jornal *Tribuna da Imprensa* foi alvo de um incêndio criminoso em 4 de outubro de 1979. Em 27 de agosto de 1980, uma carta-bomba chegou à redação do jornal *Tribuna da Luta Operária*. Além desses, sofreram atentados, durante todo o regime militar, teatros, bancas de revistas, shows (como o realizado no Riocentro), livrarias, editoras, embaixadas de países comunistas, instituições de ensino e a sede da Ordem dos Advogados do Brasil (OAB), totalizando, pelo menos, 31 alvos.[32]

Se não aprovava os atos hostis, o regime militar também não os punia com rigor. Eventuais e esporádicos inquéritos não terminavam em prisões ou em afastamento de militares. Segundo Gaspari (2004), no fim da década de 1970 o governo Geisel já se encontrava imprensado entre a tentativa de abertura política, sua própria sustentação política e o fortalecimento de grupos armados de direita insatisfeitos com a redução da repressão. Assim, eventuais punições a militares poderiam ser o estopim de uma tentativa de golpe, do comprometimento do governo e da derrocada do processo de abertura.

A política central relativa à imprensa durante o regime militar caracterizou-se, pois, pelo emprego de mecanismos de censura e de punição, além de estratégias de coerção e violência pura e simples adotadas por setores radicais, aceitas ou, ao menos, ignoradas pelo governo. Tratava-se, no que tange à atividade jornalística, de anular a contestação e inviabilizar a existência de críticas — sobretudo, silenciar.

A reforma das estruturas

Enquanto a garantia da Segurança Nacional, no tocante às comunicações, tornava-se alvo de regulação por meio de legislação eminentemente coercitiva, os outros três objetivos delineados pelo ministério — desenvolvimento, integração nacional e difusão de informações — demandavam políticas outras, de caráter mais profundo. Aos olhos do regime, tornava-se necessário reformar as estruturas no setor, seja aquelas ligadas à órbita estatal (praticamente inexistentes), seja aquelas pertencentes à iniciativa privada (difusas e nem sem-

---

[32] Ver Argolo et al., 1996:278-279.

pre sólidas). Explícita e oficialmente, o governo do general João Figueiredo, o último antes da instalação da Nova República, reconheceu a importância, dentro da política traçada, da parceria entre a iniciativa privada e o Estado, ao afirmar que a diretriz fundamental nesse setor era o estímulo à "formação e consolidação de redes nacionais privadas para apoiar a integração nacional, inclusive no tocante à interiorização da televisão, observada a diretriz de preservação e valorização das tradições e manifestações culturais das regiões do país".[33]

A observação do governo Figueiredo contraria, em parte, o Decreto nº 52.795 de 1963, que instituiu o regulamento dos serviços de radiodifusão. Segundo o art. 3º do documento,

> os serviços de radiodifusão têm finalidade educativa e cultural, mesmo em seus aspectos informativo e recreativo, e são considerados de interesse nacional, sendo permitida, apenas, a exploração comercial dos mesmos, na medida em que não prejudique esse interesse e aquela finalidade.

A ausência de dispositivos que objetivamente definam o que é uma "finalidade educativa e cultural" prejudica o entendimento do artigo e avaliza um debate a respeito de sua compreensão. Por finalidade educativa poder-se-iam entender as emissoras educativas estatais, discutidas adiante. Já a concepção de finalidade cultural é mais abrangente: que seria a cultura e, mais que isso, como se daria sua difusão?

A consolidação das redes privadas nacionais deveria obedecer a questões políticas e técnicas. Tratava-se, em primeiro lugar, de dar apoio aos que respeitassem os ditames da Segurança Nacional, segundo o conceito e os marcos legais então adotados e o ideário político vigente. Segundo, era preciso solucionar o problema técnico. Dada a limitação natural do espectro de freqüências, o número de emissoras existentes é restrito, fazendo-se não raro necessário, para a criação de novas, o fechamento de antigas.

Para viabilizar as redes a que o governo Figueiredo aludiu, o regime militar teve que promover o investimento em infra-estrutura. Antes de 1964, era tecnicamente inviável a formação de redes, pelo menos tal como as conhecemos hoje. Feito pelo Estado, esse investimento deve ser o ponto de partida para uma compreensão mais ampla da reformulação da radiodifusão e da imprensa brasileiras.

---

[33] Apud Mathias, 1999:164.

As instituições estatais

A criação, em 1965, da Empresa Brasileira de Telecomunicações (Embratel) seguiu determinação do Código Brasileiro de Telecomunicações, segundo o qual cabia ao Estado criar mecanismos que viabilizassem a implantação e a operação de serviços relativos às telecomunicações. A empresa formada por capital estatal em quase toda a sua totalidade tinha, como atribuições básicas, a operação e a expansão do aparato empregado nas telecomunicações entre os estados federados e com o exterior, a formação de redes nacionais de telex e a transmissão de dados. A princípio, a ligação entre todas as capitais de estados e principais cidades do Brasil deu-se por meio de microondas.

Não era essa, porém, tecnologia suficiente para atingir os objetivos almejados pelo regime. Em 1969, entrou em funcionamento a estação de Tanguá, no Rio de Janeiro, para a comunicação via satélite, e foi inaugurado o tronco-sul ligando Curitiba a Porto Alegre. Já era possível, então, transmitir imagens via satélite ao vivo no Brasil, como demonstrado na descida do homem na Lua no mesmo ano. Em 1972, a Embratel já havia conectado todas as capitais e as 500 maiores cidades do país, inaugurado o tronco que ligava Porto Velho a Manaus e concluído a rede básica do Sistema Nacional de Telecomunicações.

A dimensão continental do território brasileiro e a dificuldade de acesso a partes dele motivaram estudos para o aprimoramento tecnológico, de modo a viabilizar o aumento da integração nacional por meio das comunicações. A tropodifusão,[34] testada na Amazônia, tornou-se inviável, dado o alto custo dos circuitos instalados. A utilização de satélites internacionais, locados em parte por empresas públicas e privadas brasileiras, além de cara, tinha regulamentação restritiva, na medida em que operava apenas telecomunicações públicas e sinais de televisão. Na década de 1970, segundo Mattos (1984), começou a ser estudado o Sistema Brasileiro de Telecomunicações por Satélite (SBTS), que deveria operar não só as telecomunicações públicas e os sinais de televisão, como também serviços administrativos, de vídeo, teletipo, controle florestal, educação e atendimento médico a distância. Em 1985 foi lançado o satélite doméstico BrasilSat-I, e no ano seguinte, o BrasilSat-II.

Em 1972 a Embratel tornou-se mais uma das empresas que compunham a *holding* Telebrás, criada no mesmo ano. O Estado brasileiro punha assim em

---

[34] As ondas de rádio, dentro de uma freqüência limitada, podem se refletir na troposfera, camada existente na atmosfera. Pode funcionar essa camada, pois, como "espelho" para as ondas, captadas novamente na superfície.

prática a estratégia de adquirir e unificar as empresas que prestavam serviços telefônicos no Brasil, então pertencentes ao capital privado. Em poucos anos a Telebrás viria a se tornar acionista majoritária de quase todas as empresas telefônicas estaduais, que passaram então a trabalhar em condições menos heterogêneas que as suas antecessoras privadas. Na década de 1980, a Telebrás concluiria seu processo de reordenação das empresas estaduais, tornando-se responsável por 95% dos terminais telefônicos existentes no país.

A Lei nº 6.301 de 1975 autorizou a criação da Empresa Brasileira de Radiodifusão (Radiobrás). A nova empresa ficou responsável, de acordo com a lei, pela implantação e operação de emissoras estatais, a exploração dos serviços de radiodifusão do governo federal, a implantação e operação de estações de repetição e retransmissão, a difusão de programação educativa e o treinamento de pessoal necessário ao desenvolvimento da radiodifusão.

Primeiramente, passaram à administração da Radiobrás as emissoras já pertencentes aos ministérios das Comunicações, da Fazenda, da Educação e Cultura, do Trabalho e da Agricultura. Até 1977, a empresa já havia herdado, por decreto, 11 emissoras de rádio e duas de televisão. A atribuição prioritária da Radiobrás, segundo Euclides Quandt de Oliveira (1978), ministro das Comunicações no governo de Ernesto Geisel, foi o desenvolvimento da radiodifusão na Amazônia, por meio da criação de emissoras de rádio que operavam em ondas curtas, médias ou tropicais. Conseguia assim o poder público atingir uma região até então inóspita, dadas as dificuldades físicas de acesso.

Na prática, a Radiobrás viria a se consolidar como poderosa fonte de divulgação de informações ligadas a autoridades dos poderes da República. Na primeira metade da década de 1980, a empresa já havia feito transmissões para quatro continentes em cinco idiomas. Como suas equipes de jornalistas e técnicos cobrem as viagens dos ocupantes dos principais cargos públicos, os sinais e as imagens gerados nesse trabalho são aproveitados na produção de telejornais das emissoras privadas. Atualmente a Radiobrás administra cinco estações de rádio (Nacional de Brasília AM, Nacional de Brasília FM, Nacional Rio de Janeiro AM, Nacional Amazônia OC, Nacional do Brasil OC), um serviço radiofônico via satélite, uma agência de notícias radiofônicas (Radioagência), uma agência de notícias (Agência Brasil) e dois canais de televisão (TV Nacional e NBr).[35]

---

[35] Atualmente nem todas as emissoras de rádio e televisão vinculadas ao Estado são administradas pela Radiobrás.

O Decreto-Lei nº 236, principal documento do regime militar regulando as comunicações, dedicou espaço importante à atividade das emissoras estatais de televisão educativa. Até a primeira metade da década de 1970 foram criadas, não por coincidência, nove televisões educativas, seis delas vinculadas a secretarias estaduais de Educação ou de Cultura, entre as quais a TV Cultura de São Paulo, e outras três vinculadas ao Ministério da Educação, entre as quais a TV Educativa do Rio de Janeiro. Em 1971, as emissoras educativas, segundo dados oficiais,[36] atingiam 94% da população brasileira. No ano seguinte, o Ministério da Educação reforçou a importância das emissoras ao criar o Programa Nacional de Teleducação (Prontel), ao qual caberia coordenar as atividades de educação televisiva no país. Seriam essas emissoras as responsáveis por difundir a política educacional dos governos militares e por divulgar, na prática, o ideário do regime.

Assim, o Estado brasileiro participava do início ao fim daquilo que se pode chamar de cadeia produtiva da radiodifusão: oferecia a infra-estrutura, gerava sinais e imagens e produzia conteúdo supostamente educativo. Ao concentrar tanto poder e capacidade de interferência, dispunha de mecanismos suficientes de pressão para lidar com a radiodifusão brasileira. A presença de ator tão poderoso no cenário das comunicações prontamente se faria sentir na forma de incompatibilidade com algumas empresas privadas. Na disputa, estas últimas amargariam a derrocada.

O cenário empresarial das comunicações pré-1964

Apoiado nos primeiros dias pela maioria dos empresários da imprensa e da radiodifusão brasileiras, em pouco tempo o regime militar passou a sofrer críticas. A censura e a coerção que se abateram sobre o setor levaram a uma forçada alteração da lógica de produção e geraram clamores pelas liberdades de imprensa e de expressão. Por vezes, os protestos dos meios de comunicação acompanharam ou estimularam os reclamos da sociedade civil, notadamente no período que precedeu a promulgação do AI-5.

Em duas décadas, período de duração do regime militar, ocorreram o fechamento e a falência de diversas empresas jornalísticas e emissoras de televisão e rádio, em parte induzidos pelo governo federal. Táticas como a supres-

---

[36] Ver Tuma, 1972.

são da publicidade oficial e a não-concessão de empréstimos por bancos do Estado, tão comuns em períodos anteriores, voltaram a ser empregadas.

Vale lembrar que as estratégias do governo federal teriam surtido efeito reduzido, não fosse a má administração de parte das empresas jornalísticas, situação que perdura, em alguns casos, até o presente. A falência das empresas que ousaram criticar os militares ou atentar insistentemente contra a honra e a segurança nacionais, do ponto de vista dos governantes, ocorreu em parte devido à excessiva dependência financeira dessas empresas em relação ao Estado, característica que se observa ao longo de toda a história da imprensa no país.

Não se pode inferir ou afirmar que os governos militares pretendessem arruinar todas as empresas jornalísticas e emissoras de radiodifusão que foram à falência de 1964 a 1985. Várias delas enfrentaram, sim, problemas decorrentes de ações do poder público, mas estas nem sempre foram decisivas para a falência. Por outro lado, se o regime militar não planejou diretamente a falência dessas empresas, também não se esforçou para evitá-la. Não é exagero dizer que o regime pós-1964 viu empresas de radiodifusão, notadamente emissoras de televisão, ruírem sem que nada ou muito pouco fosse feito para mudar esse panorama.

Os problemas financeiros atingiram principalmente as emissoras de televisão. As famílias Batista do Amaral e Machado Carvalho, então sócias em outros empreendimentos de radiodifusão, criaram a TV Rio, canal 13 do Rio de Janeiro, em 1955. Numa primeira fase até 1964, a emissora investiu em telecursos e em programas de auditório pioneiros, onde se desenrolavam debates políticos. Neles pontificaram, entre outros, os políticos Carlos Lacerda e Leonel Brizola, que viriam a se tornar inimigos do regime instalado em 1964. A empresa começou a enfrentar problemas financeiros ainda no governo de Castello Branco. Suas novelas *O direito de nascer* e *A morta sem espelho* foram vítimas da censura, tendo que ser exibidas em outro horário, mais tarde. A crise atingiu as oito emissoras que já compunham uma rede, fazendo com que os proprietários, sem dinheiro, vendessem a TV Rio, posteriormente repassada a outros empresários sem autorização governamental. Acatando decisão da Justiça, religiosos, que já eram donos da TV Difusora de Porto Alegre e chegaram a comprar e depois revender a TV Rio, assumiram a empresa. A emissora carioca cessou suas atividades em 1977, devido ao grande número de ações movidas por seus fornecedores.

Criada em 1959, a TV Continental, canal 9 do Rio de Janeiro, foi arrendada pelo deputado federal Rubens Berardo, do MDB (assim denominado a partir do regime militar). Heron Domingues tornou-se seu novo arrendatário em 1966, quando a emissora já enfrentava problemas financeiros. Em 1971, assolada pelas dívidas, a TV Continental faliu.

A TV Excelsior, criada em 1960 em São Paulo por políticos e empresários ligados à imprensa e à exportação de café, enfrentou problemas com o regime militar, então recém-criado. Para conquistar o público, a emissora apostava na boa qualidade da imagem, na pontualidade da programação e na difusão da cultura nacional por meio da exibição de filmes e músicas brasileiras. Já com uma afiliada no Rio de Janeiro no início do regime militar, a TV Excelsior começou a enfrentar problemas com a censura em suas novelas e programas jornalísticos. Os trechos vetados pelos censores nas telenovelas não eram substituídos, aparecendo, em lugar deles, um boneco com uma tarja: "censurado". O *Jornal de Vanguarda* foi tirado do ar por causa do Ato Institucional nº 5. A emissora foi negociada ainda antes de ser fechada, em 1970, por desrespeito ao Código Brasileiro de Telecomunicações, insolvência financeira e atraso no pagamento de direitos trabalhistas.

A insolvência financeira também foi a justificativa para o fechamento da TV Tupi. A emissora, criada em 1950 em São Paulo, foi pioneira no Brasil e acompanhou a crise dos Diários Associados, conglomerado ao qual pertencia. A partir da década de 1960, a empresa adotou uma linha popular, tentando fugir de temas que chamassem a atenção dos censores. Em 1974, lançou uma programação nacional e confirmou a vice-liderança de audiência, superada apenas pela TV Globo. O aparente sucesso escondia problemas financeiros graves, que acabaram por causar as greves organizadas pelos funcionários da emissora no fim dos anos 1970. Em 1979, faixas da programação foram alugadas a seitas, empresas e grupos étnicos. No ano seguinte, uma portaria governamental cancelou a concessão da TV Tupi.

A crise não ficou restrita à radiodifusão, estendendo-se a outros órgãos da imprensa. Criado em 1901, o *Correio da Manhã*, jornal reconhecido como representante da classe média carioca, defendeu um golpe de Estado em três inflamados editoriais em março de 1964: "Basta!", "Fora" e "Não pode continuar". Ainda em abril do mesmo ano, a defesa do golpe transformou-se em crítica ao novo regime. O editorial "A liberdade é um dogma" e o artigo "Revolução dos caranguejos", de Carlos Heitor Cony, marcaram o início das críticas ao governo militar, levando à prisão de jornalistas, à apreensão de edições e à interrupção temporária da circulação do jornal. Quando os bancos oficiais passaram a recusar empréstimos à empresa e a executar suas dívidas, a diretora-presidente Niomar Sodré Bittencourt decidiu arrendá-la a um grupo de empresários ligados ao então ministro dos Transportes e possível candidato à sucessão de Costa e Silva, Mário Andreazza. Fracassada a idéia de tê-lo como presidente da República, os empresários transferiram os bens da empresa e se envolveram em problemas trabalhistas, de modo que o jornal deixou de circular em junho de 1974.

Os mesmos empresários compraram o jornal *Última Hora*, de Samuel Wainer. Criado com a ajuda de Getúlio Vargas, o periódico fez inovações gráficas e editoriais marcantes na história do jornalismo brasileiro. Em março de 1964, foi o único da grande imprensa a apoiar o então presidente da República João Goulart e suas reformas de base. Estabelecido o regime militar, o jornal passou a ser combatido pelo novo governo. Entre outras formas de pressão, a publicidade oficial diminuiu e os empréstimos bancários cessaram, e Wainer decidiu vender o jornal. A agonia do periódico durou, com interrupções, até 1991, quando já era um pálido espectro do jornal influente de outrora.

Até 1980, ano em que foi fechada a TV Tupi, a maioria das principais emissoras de televisão criadas antes de 1964 já havia falido, e dois dos principais jornais de oposição então existentes tinham sido aniquilados financeiramente. As demais publicações enfrentavam a censura e outras medidas restritivas já mencionadas anteriormente. Estava aberto o espaço necessário para a consolidação de novas empresas menos críticas ao regime.

A reconstrução da radiodifusão brasileira

A falência das emissoras de televisão surgidas antes de 1964 acarretou uma disponibilidade de freqüências no sistema VHF. Existiam, pois, condições técnicas suficientes e demanda para a criação de novas emissoras, que haveriam de contar com uma infra-estrutura bem melhor que aquela oferecida às suas antecessoras, graças às inovações tecnológicas introduzidas pelo regime militar. Empresários que tivessem interesse em montar uma emissora de televisão poderiam organizar transmissões em rede e via satélite, além de contar com um sistema de telefonia moderno e recém-instalado. Para obter sucesso, eles necessitariam de grandes investimentos, inerentes a essa atividade, e de afinidade com o governo, visto que as concessões dependiam única e exclusivamente da anuência do Poder Executivo.

O mercado de radiodifusão também se tornara especialmente atrativo para os grandes empresários. Em pouco tempo, a participação da televisão no bolo publicitário brasileiro ultrapassou a do jornal e a do rádio, meios de comunicação de massa mais antigos. Segundo Lattman-Weltman (2003), em 1955, apenas cinco anos depois do surgimento da televisão no Brasil, esse meio recebia 2% da publicidade nacional, contra 36% destinados a jornais impressos e 24% ao rádio. Em 1962, a televisão, com 24,7% do bolo publicitário, ultrapassou pela primeira vez o jornal e o rádio, mas ficou atrás das revistas, com 27,1%. A televisão tornar-se-ia em 1966 o meio de comunicação com maior participação no bolo publicitário brasileiro (39,5%). Em 1974, já arrecadava mais que todos os meios de comunicação juntos, com 51,1% de participação publicitária, índice que chegou a 57,8% em 1980.

A crescente participação no mercado publicitário decorreu do sucesso da televisão como meio de comunicação no país. Em 1960, apenas em 9,5% das residências brasileiras havia um aparelho de televisão. Dez anos depois, esse índice saltaria para 40,2%, chegando a 73% em 1980. Os números revelam, não por acaso, o avanço da televisão durante o período de consolidação do regime militar. Por verem nela uma peça fundamental à segurança e à integração nacionais, os novos governos pós-1964 a adotaram como principal meio de comunicação, criando as condições para seu desenvolvimento. Dela fizeram uso, por outro lado, como importante mecanismo para a divulgação de novos feitos, do milagre econômico ao combate à guerrilha.[37]

A primeira grande emissora nascida durante o regime militar foi a TV Globo, ainda que a concessão para sua instalação tenha sido dada na década de 1950. Roberto Marinho já era dono do jornal *O Globo* quando colocou a emissora no ar em 1965. Sua fundação foi marcada por polêmica surgida anos antes do funcionamento efetivo da emissora. Em 1962, a TV Globo firmou dois contratos com o grupo norte-americano Time-Life, sendo um referente a uma participação na empresa brasileira e outro voltado para a assistência técnica. A parceria com um grupo estrangeiro, sem o conhecimento das autoridades competentes, infringia dispositivos constitucionais e o Código Brasileiro de Telecomunicações.[38]

Somente em 1965 o Conselho Nacional de Telecomunicações (Contel) tomou conhecimento da parceria, que já então resultava na remessa de dólares do grupo norte-americano para a emissora brasileira. Essa relação conduziu a investigações, incluindo a instauração de Comissão Parlamentar de Inquérito

---

[37] Não cabe examinar aqui o uso da mídia como instrumento de propaganda pelo regime militar. Livros sobre esse período e a história da televisão no Brasil abordam esse tema de forma exemplar.
[38] Ver Herz, 1988.

(CPI) na Câmara dos Deputados em 1966. Em seu parecer, o deputado Djalma Marinho, relator da CPI, julgou ilegais os contratos firmados, sugerindo que a empresa brasileira fosse punida pelo Poder Executivo. Os contratos foram rescindidos antes do fim da década de 1960, depois que a TV Globo já havia entrado no ar, comprado aparelhagem moderna e recebido do grupo Time-Life cerca de US$ 6 milhões.[39] Segundo Bial (2004), o grupo norte-americano foi totalmente ressarcido pela emissora brasileira.

A política de integração nacional através das comunicações, defendida pelos governos militares, encontrou na TV Globo uma grande parceira. A emissora logo passaria a ter afiliadas em outros estados do país, formando uma rede com o aumento das concessões a empresas de radiodifusão outorgadas pelo governo federal. Segundo Lima (2005), em 1973 já eram seis emissoras (incluindo geradoras e afiliadas); em 1974, eram 13, e em 1982, 47, cobrindo 3.505 dos 4.063 municípios brasileiros então existentes.

Três outras concessões feitas durante o regime militar serviram como ponto de partida para a criação de importantes redes de televisão nas décadas seguintes. João Jorge Saad, dono da Rádio Bandeirantes, recebeu uma concessão em 1967, pondo no ar a TV Bandeirantes, canal 13 de São Paulo. O apresentador de TV e empresário Silvio Santos recebeu a concessão que lhe permitiu criar a TVS, canal 11 do Rio de Janeiro, e, em 1981, aproveitando-se do espólio das emissoras que compunham a Rede Tupi, montar o Sistema Brasileiro de Televisão (SBT). Do mesmo espólio fez uso Adolfo Bloch, dono de uma editora de revistas, para criar em 1983, quase dois anos depois de receber a concessão do governo federal, a Rede Manchete, formada por emissoras próprias em cinco cidades. Nenhum dos três empresários era tido como crítico contumaz dos governos militares.

Em relação ao rádio, vigorou a mesma política de estímulo às empresas privadas para promover maior integração nacional. Segundo levantamento de Mathias (1999), eram 959 as rádios brasileiras em 1967. Em 1985 esse número passou para 1.680, ou seja, um crescimento de 75,1%. Nos estados menos populosos, esse crescimento proporcional foi ainda maior. Em Rondônia, chegou a 333%; em Roraima, a 300%; no Amapá, a 400%; no Amazonas e no Acre, a 200%; no Piauí e na Paraíba, a 111% e 145%, respectivamente. Note-se que a possibilidade de aumento do número de emissoras nesses estados era maior

---

[39] Herz, 1988.

porque menos freqüências estavam ocupadas. No próximo capítulo serão examinadas as outorgas de emissoras de radiodifusão.

Vinte anos depois de tomarem o poder, os militares entregaram à Nova República um cenário empresarial inteiramente novo no plano das comunicações. Antigas empresas de radiodifusão e de imprensa, por vezes críticas em relação ao regime e despreocupadas com a profissionalização de suas administrações, deram lugar a novas que, se não colaboraram em sua totalidade com os diferentes governos, também não os combateram com constância. Por meio da consolidação, na forma de políticas nacionais, de medidas coercitivas, investimentos em infra-estrutura e apoio à radiodifusão privada, o Estado se empenhava em atingir os quatro objetivos almejados quando da criação do Ministério das Comunicações: garantia da Segurança Nacional, desenvolvimento, integração nacional e viabilização da difusão de informações com caráter massificado. O setor já estava reformulado no raiar da Nova República.

Capítulo 3

As comunicações na Nova República

Quando deixaram a égide do poder federal em 1985, os militares viviam, no campo das comunicações, uma contradição. Por um lado, a política de modernização da infra-estrutura nacional no setor rendera frutos. Vista como um negócio promissor, a radiodifusão se desenvolveu e ganhou capilaridade pelo interior do país. Emissoras de rádio e de televisão multiplicaram-se, operando com tecnologia avançada, e, na metade da década de 1980, transmissões em cores e ao vivo já não eram mais um desafio — tornaram-se, pelo contrário, constantes.

Por outro lado, adotando uma política de fomento à radiodifusão calcada em investimentos e empresas privados e vendo-se diante da necessidade de levar os meios de comunicação ao interior do país, os governos militares contribuíram para o fortalecimento de oligarquias regionais afeitas às comunicações e cientes dos benefícios que delas poderiam obter. Tratava-se, em regra, de pequenos e médios investidores ligados ao empresariado ou à elite política locais (quando não aos dois).[40]

---

[40] Obviamente não se podem menosprezar aspectos ligados a condicionantes do mercado no que se refere à instalação de novas emissoras de radiodifusão. Por mais que tenham funções políticas, esses empreendimentos são encarados como negócios, sendo tanto mais atrativos para os empresários quanto maior for a possibilidade de auferir lucros.

Santos e Capparelli (2005) classificam a relação que daí adveio como um exemplo de patronagem. Segundo eles, são duas as formas genéricas de patronagem. Na primeira forma, uma instituição detém sozinha o controle direto dos recursos escassos; na segunda, o acesso aos que controlam esses recursos é o objetivo a ser perseguido. Em ambos os casos se estabelece uma relação de clientelismo em que o concedente oferece aos interessados o recurso de que dispõe, recebendo em troca, na prática, ressarcimento outro que nem sempre valores financeiros fixos.

No caso da radiodifusão, o Estado detém o controle do recurso escasso central — o espectro eletromagnético. Em si, porém, não se constituem as freqüências em recurso vital, já que dependem, para ser utilizadas, de operadores capacitados. No caso brasileiro, optou-se por uma parceria central com a iniciativa privada, sendo poucos os operadores oficiais ligados ao Estado. Como, até 1988, cabia exclusivamente ao Poder Executivo federal a distribuição dessas freqüências, era de sua responsabilidade estabelecer critérios para as concessões. Tradicionalmente esses critérios não se basearam em regras claras e públicas.

Não havendo regras claras e sendo as concessões outorgadas sem que a sociedade disponha de instrumentos de fiscalização, pode-se definir como "coronelismo eletrônico" a prática segundo a qual oligarquias locais tornavam-se responsáveis pela operação de emissoras de rádio e de televisão:

> No Brasil das duas últimas décadas podemos estabelecer a atualização do conceito de coronelismo trabalhado em Victor Nunes Leal para o de coronelismo eletrônico através da adição das empresas de comunicação de massa, em especial as de radiodifusão, como um dos vértices do compromisso de troca de proveitos. Assim, a parceria entre as redes de comunicações nacionais e os chefes políticos locais torna possível uma concentração casada de audiência e de influência política da qual o poder público não pode prescindir.[41]

O coronelismo de Victor Nunes Leal (1975) é a prática por meio da qual se afirma e se legitima o poder político no interior do Brasil. Centrado em uma figura, o coronel, o sistema político nessas localidades caracteriza-se pela combinação de um regime representativo com estruturas econômicas e sociais inadequadas e pelo estabelecimento de compromissos — uma troca de proveitos

---

[41] Santos e Capparelli, 2005:84.

— entre o poder público e os chefes locais, notadamente os senhores de terras. Trata-se, pois, de fenômeno tradicional relativo à estrutura agrária brasileira, o qual dá margem a práticas como mandonismo, falsificação de votos e desorganização propositada de serviços públicos. Como, pelo regime democrático, os coronéis dependem do eleitorado rural, eles captam os votos mediante a ajuda direta, principalmente financeira, dispensada aos eleitores, não raro analfabetos e devotados a quem os ajuda.

Já o coronelismo eletrônico mencionado por Santos e Capparelli (2005) baseia-se também na inexistência de instituições políticas adequadas, ou melhor, em um vazio institucional e legal que interessa a uma minoria favorecida pelo poder concedente. Por não estar ela diretamente ligada à estrutura fundiária — embora não haja qualquer impeditivo claro para isso, já que as mesmas oligarquias podem ocupar posição de destaque no que se refere à terra e também à radiodifusão —, usa-se o qualificativo "eletrônico", mais consoante com o objeto em estudo. A relação com o público eleitor também se altera: a ajuda financeira e, conseqüentemente, o clientelismo tradicional aliam-se à difusão constante de mensagens destinadas a um público em grande parte semi-analfabeto e, espera-se, igualmente devotado à manutenção do *status quo.*

Desse novo coronelismo tornaram-se reféns o modelo de desenvolvimento da radiodifusão brasileira e, em parte, é claro, a política dos últimos governos militares e dos que os sucederam. As emissoras de rádio e de televisão tornar-se-iam poderosas moedas de barganha política, sempre com interessados ligados a oligarquias regionais. Enxurradas de concessões se tornaram constantes, firmando-se inequivocamente como política de Estado.

Ainda na década de 1980, os meios de comunicação dividiam-se entre conservadores, reticentes e progressistas, no que se refere a uma transição para a democracia. Nem a política de distribuição de concessões em favor de antigos aliados conseguiu conter as mudanças no ambiente político, aos poucos corroboradas pelos principais meios de comunicação do país, muitos dos quais nascidos sob a égide do regime autoritário. É claro que a derrocada desse regime não ocorreu unicamente por causa da ação dos principais meios de comunicação, porém é inegável sua participação — não obstante as óbvias diferenças no comportamento de cada um deles, as quais fogem ao âmbito deste trabalho — no movimento que culminou com a eleição indireta de Tancredo Neves para a Presidência da República.

Feita a transição política, restava promover mudanças na máquina administrativa e promulgar uma nova Carta Magna.

A Constituição Federal de 1988

Eleito pelo Colégio Eleitoral composto por parlamentares, o novo presidente da República, Tancredo Neves, procedeu à formação de um ministério que congregasse diferentes interesses e representasse partidos diversos. As Comunicações, pasta de destaque às vésperas do lançamento de satélites e da distribuição de novas concessões — que serão examinadas na próxima seção —, tornaram-se alvo de disputa.

À época da eleição para a presidência da Câmara dos Deputados, 180 parlamentares filiados ao PMDB entregaram a Tancredo uma manifestação de apoio à indicação do deputado Freitas Nobre para ministro das Comunicações.[42] Jornalista e professor, o deputado era filiado ao MDB desde 1968, tendo ocupado o posto de líder do partido durante cinco anos em um de seus quatro mandatos. Castro (2002) lembra que uma comissão formada pelo senador Severo Gomes e pelos deputados Cristina Tavares e Odilon Salmória, todos do PMDB, visitou o presidente eleito, entregou-lhe um projeto com propostas de mudanças para a política de comunicações e mostrou-se preocupada com os destinos da pasta. Uma alternativa ao nome de Freitas Nobre era o de Antônio Carlos Magalhães, que exercera inúmeros cargos na política baiana e em empresas estatais e trabalhara pela escolha de Tancredo no Colégio Eleitoral. Entre Freitas Nobre e Antônio Carlos, Tancredo escolheu o segundo. A julgar por seu tempo de permanência à frente do ministério, ACM deve ter agradado ao presidente José Sarney (eleito vice-presidente da República e empossado no lugar de Tancredo, a quem viria a substituir por todo o mandato), já que o político baiano foi o único a permanecer como titular de uma pasta do início ao fim do primeiro governo da Nova República.

Nesse sentido, é revelador e crível o depoimento de José Sarney sobre Roberto Marinho. Revelador porque lança luz sobre um episódio sobre o qual muito se especulou e pouco, de fato, se constatou. Crível porque se trata de história contada por um político de grande relevância no período e relatada em biografia escrita com o apoio da emissora da qual Marinho foi dono.[43] Relata Sarney:

> O Tancredo o consultava, mas ele não indicava. Inclusive o Tancredo falou: "Convide o Antônio Carlos Magalhães para o Ministério das Comunicações". E o doutor

---
[42] Ver Herz, 1988.
[43] Ver Bial, 2004.

Roberto disse a ele: "Não, presidente, o senhor o convide". Então, quando sai que o Antônio Carlos seria o ministro das Comunicações, o Ulysses Guimarães disse ao Tancredo: "Hoje o PMDB rompe com você. É inadmissível que seja o Antônio Carlos. O PMDB rompe com o governo". Aí o Tancredo bateu na perna do Ulysses e disse: "Olha, Ulysses, eu brigo com o papa, eu brigo com a Igreja Católica, eu brigo com o PMDB, com todo mundo, eu só não brigo com o doutor Roberto".[44]

Tido como peça importante na articulação política que levou Tancredo Neves à Presidência da República, Roberto Marinho, proeminente empresário do setor, posicionou-se favoravelmente à escolha de um ministro das Comunicações ligado a setores conservadores e que havia apoiado o regime militar. Findo este, indicava-se para a pasta das Comunicações um político intimamente ligado ao governo anterior e que não representava maiores possibilidades de mudança no setor.

Com Antônio Carlos nas Comunicações, manteve-se como secretário-geral do ministério Rômulo Villar Furtado, que estava no cargo desde 1974, vindo a ser afastado apenas em 1990. Sua participação no processo de distribuição de concessões viria a ficar ainda mais evidente durante o governo Sarney.

Há que ressaltar aqui a importância do Ministério das Comunicações para um político. Nas palavras do jornalista Villas-Bôas Corrêa:

> Um ministério que tem os seus inegáveis encantos, especialmente sensíveis a um político. Não há por todo o país um lugarejo por mais pobre e escondido que seja que não tenha a sua agência de correio e telégrafo, o posto telefônico, onde não se ouça rádio e que não se faça a cabeça com as novelas coloridas da televisão. E tudo isso arrumado: as comunicações assinalam um dos raros êxitos indiscutíveis dos 20 anos de governos militares. Regado com verbas razoáveis, manipulando recursos próprios. Instigando a utilização esperta em áreas de instantâneo apelo popular, como na projetada utilização do sistema de comunicação nacional para que funcione como um regulador de preços de gêneros de primeira necessidade. Podendo ser útil ou indispensável às emissoras de rádio e televisão, fazendo o mínimo que é não embaraçar o caminho por onde transitem os legítimos interesses de cada um.[45]

---

[44] Apud Bial, 2004:315.
[45] Apud Herz, 1988:38-39.

Por mais que seu titular não estivesse sempre no centro das atenções da mídia, o Ministério das Comunicações oferecia atrativos especiais. Na radiodifusão, capitaneava a outorga de emissoras, verificava aspectos técnicos das concessões e era responsável pela distribuição de retransmissoras de TV. Uma empresa estatal, os Correios, vinculada ao ministério, tem capilaridade em todo o território nacional. Quando as empresas telefônicas eram estatais, a nomeação de seus diretores era de responsabilidade do ministro. O poder político do ministério é grande entre os próprios políticos: ao mesmo tempo que desempenha papel importante no que se refere aos meios de comunicação de massa, dispõe de cargos comissionados para distribuição aos aliados, incluindo aqueles existentes em uma empresa com grande capilaridade e presente no dia-a-dia de toda a sociedade.

Escolhido o ministro responsável pelas Comunicações no raiar da Nova República, o foco das atenções se voltava, então, para a Assembléia Nacional Constituinte, que elaborava o principal documento legal a vigorar no país após o regime militar. A subcomissão de Ciência, Tecnologia e Comunicação teve como presidente o deputado Arolde de Oliveira (PFL-RJ) e como relatora, a deputada Cristina Tavares (PMDB-PE). Extremamente polarizada, a subcomissão foi a única a não enviar seu relatório, objeto de inúmeras discordâncias, para a Comissão de Sistematização. Na opinião de Castro (2002), o resultado das discussões sobre as comunicações e conseqüentemente o capítulo a elas referente na Constituição Federal foram produto do *lobby* do empresariado do setor.

Consagrada como direito fundamental no art. 5º do documento, a liberdade de expressão foi reafirmada no art. 220, o primeiro do Capítulo V do Título VIII, referente à comunicação social. O art. 220 não só reafirma a garantia das liberdades de expressão e de difusão de informações, como também impede o estabelecimento de mecanismos legais que possam restringi-las. Fica assegurada, também, a liberdade para editar publicações, sem depender de licença de qualquer autoridade, o que aumentaria, em tese, a independência dessa mídia específica, principalmente com o veto à incidência de impostos provenientes de qualquer esfera pública sobre livros, jornais, periódicos e o papel destinado à impressão deles.

É inegável o avanço que representa a Constituição Federal de 1988 em comparação com as suas antecessoras. Nunca uma Carta Magna garantira, com tamanha clareza, a liberdade de expressão, encarada como direito fundamental, em nítida oposição ao caráter que lhe fora reservado pelo regime militar e em consonância com interpretações democráticas desse conceito, notadamente a da Unesco. Além de garantir essa liberdade, a Constituição Federal podou dois tradicionais mecanismos usados pelo Estado para exercer pressão sobre a imprensa: a elevação de impostos (ou a criação de novas taxas) sobre periódicos e a possibilidade de cancelamento da licença das publicações.

A garantia dessas liberdades não foi acompanhada, porém, de mecanismos de regulação. A liberdade de expressão e, conseqüentemente, a de imprensa em si não garantem a democratização das comunicações, sendo não raro interpretadas, como lembra Arbex Júnior (2001), como o direito que têm os donos das empresas de comunicação de escolher o que será veiculado e publicado. A forma como a liberdade de expressão é afirmada no principal documento legal do país e sobretudo a inexistência, no art. 220, de mecanismos de regulação a serem operados pelo Estado têm funcionado, segundo Castro (2002: 124), "como uma negação dos empresários à necessidade de estabelecer limites". Criado o fosso legal, torna-se mais difícil para o Estado formular e implementar políticas referentes ao conteúdo informativo dos meios de comunicação, pois quaisquer medidas que venham de encontro aos interesses do empresariado correm o risco de ser prontamente acusadas de inconstitucionais e de estar violando a liberdade de expressão.

O art. 220 impede, ainda, a formação de monopólios e oligopólios no âmbito da comunicação social. Monopólio, no plano nacional, por certo, não há no Brasil, considerando-se que diferentes grupos privados operam os meios de comunicação. A formação de oligopólios, porém, é passível de maior discussão. Pinho e Vasconcellos (2003:197) definem oligopólio como uma estrutura de mercado que se caracteriza "pela existência de reduzido número de produtores e vendedores fabricando bens que são substitutos próximos entre si". A noção central, para os autores, é na verdade a interdependência econômica, já que o conceito de oligopólio se refere à existência de operadores interligados num mesmo mercado.

Não cabe fazer aqui uma análise minuciosa do setor econômico com vistas a classificá-lo ou não como oligopólio, mas vale destacar a pertinência da discussão. A inexistência de mecanismos legais rígidos que estabeleçam limites para a posse de emissoras de rádio e televisão e de periódicos por um mesmo grupo empresarial certamente favorece a formação de oligopólios. De qualquer forma, nota-se uma tendência à formação de oligopólios no setor de mídia, segundo Lins (2002:6):

> A mídia tende a constituir oligopólios, em virtude de características de mercado, como a tendência das agências de publicidade a concentrar a propaganda ape-

nas nos veículos de maior penetração de público, privilegiando os grandes grupos, e a capacidade de reaproveitar conteúdo em diferentes veículos, estimulando a atuação das empresas em vários segmentos de mercado simultaneamente. Caberá ao regulado impor limites à propriedade dos veículos e à concentração de audiência, de modo a garantir a diversidade de versões e interpretações dos fatos, limitando a manipulação da opinião pública.

O art. 221 estabelece princípios a serem atendidos pela programação de emissoras de rádio e televisão. Segundo o texto constitucional, ela deveria ser preferencialmente educativa, artística, cultural e informativa, promovendo a cultura nacional e regional, a produção independente, os valores éticos e sociais, e privilegiando a regionalização da produção.

Os termos acima, retirados diretamente do texto constitucional, são nitidamente imprecisos, requerendo legislação complementar que estabeleça parâmetros claros a serem seguidos. Passados mais de 16 anos da promulgação da Constituição Federal de 1988, essa legislação complementar jamais foi aprovada, não obstante os vários projetos de lei a esse respeito.

A prevalência de produções de caráter cultural, educativo, artístico e informativo permeia as legislações relativas à radiodifusão desde 1931, não tendo sido jamais estabelecidos parâmetros claros para essas definições. São múltiplas as interpretações possíveis de conceitos como cultura e educação, bem como de produtos que os reflitam. As emissoras estatais, constantemente chamadas de educativas, dispõem de programação de caráter nitidamente diferenciado, não raro privilegiando aspectos ligados a manifestações culturais e a iniciativas educacionais variadas. Em relação às emissoras privadas, a inexistência de um marco legal preciso dificulta ainda mais essa definição.

Projeto de lei da deputada Jandira Feghalli (PCdoB-RJ), em tramitação desde 1991, oferece uma alternativa para a regulação desse artigo constitucional. Segundo o projeto, 30% da programação das emissoras, entre 7h e 23h, devem consistir em produção regional, sendo 15% de programas que valorizem a cultura e a arte nacionais, e 15% jornalísticos. Os programas devem ser produzidos no município-sede da emissora, e pelo menos a metade da equipe por eles responsáveis deve residir há dois anos ou mais nesse município.

Assim como no tocante ao art. 220, a inexistência de marco legal que regulamente o art. 221 dificulta cobranças por parte do Estado, bem como a elaboração de políticas públicas para o setor. No caso específico do art. 221, a regulamentação referente à produção regionalizada e ligada a questões nacionais demandaria maiores investimentos por parte das emissoras, notadamente as afiliadas das grandes redes, nem sempre dispostas a interromper a retransmissão de programas feitos pelas cabeças de rede em prol de novos produtos locais. Incidiria essa regulamentação, portanto, sobre os investimentos de alguns parlamentares que, como se verá adiante, não raro têm interesse direto em emissoras de rádio e de televisão.

Recentemente modificado, o art. 222 será examinado mais detidamente no próximo capítulo deste livro. Em 1988, quando foi promulgada a Carta Magna, proibia-se a posse de empresas jornalísticas e de radiodifusão por estrangeiros. Ficavam os meios de comunicação reservados ao Estado e aos brasileiros natos ou naturalizados há mais de 10 anos, seja por meio de posse (caso dos periódicos impressos, que não dependiam de licença), seja por meio de concessões estatais por prazo definido (caso das emissoras de rádio e televisão).

Não se alterava, enfim, em 1988, a lógica de que a informação está atrelada à questão da Segurança Nacional, sendo considerada de valor estratégico. Além disso, estabelecia a Constituição Federal barreira à entrada, no mercado da comunicação, de investidores estrangeiros, possível ameaça aos empresários brasileiros que já operavam no setor.

O art. 223 modificou a forma de distribuição de concessões de emissoras de rádio e televisão pelo Estado. Se, até 1988, o Poder Executivo era o único responsável pelas outorgas, a partir da promulgação da Constituição Federal tornava-se necessária a sua aprovação pelo Congresso Nacional. O prazo de validade das concessões ficou estabelecido em 10 anos para as emissoras de rádio e em 15 anos para as de televisão, dependendo a sua renovação da aprovação de no mínimo 3/5 do Congresso Nacional em votação nominal.

A participação de um segundo ator político no processo de distribuição de concessões favorece, em tese, o estabelecimento de regras e parâmetros mais transparentes. Na prática, entretanto, em face dos interesses pessoais diretos que alguns congressistas têm no setor, não se criaram condições para ampliar a transparência no processo de distribuição de concessões. A necessidade de votação nominal no Congresso Nacional também diminui a possibilidade de as concessões virem a ser negadas pelos parlamentares, pois eles teriam que se expor aos meios de comunicação. Passados mais de 16 anos da promulgação da Constituição Federal, os congressistas não haviam vetado nenhuma renovação de concessão nesse âmbito.

A possibilidade de perda da concessão também não fica clara no texto constitucional. Não se estipulam penas que permitam a cassação de concessões cujas beneficiárias tenham, de alguma forma, infringido a legislação vigente. Também não há qualquer punição para a venda de emissoras e, mais que isso, a julgar pelo texto constitucional, não há qualquer indício de que a concessão deva, nesse caso, ser revista.

Da forma como está estruturado, o texto constitucional oferece proteção ao empresariado contra uma possível incursão do Estado nas emissoras. Oito anos antes da promulgação da Carta Magna, vale a pena lembrar, o então presidente da República João Figueiredo decretou a perempção da concessão da TV Tupi, devido aos problemas financeiros por que passava a emissora. A partir de 1988, resguardavam-se os direitos do empresariado, impossibilitando, pelo menos em tese, a ação do Estado em tais situações.

Não se trata de negar aqui a importância das barreiras de proteção ao empresariado nesse setor. Para montar uma emissora de rádio ou televisão competitiva no mercado são necessários altos investimentos, normalmente amortizados durante os anos seguintes. Assim, é preciso estabelecer contratos de médio ou longo prazo, mas urge também delimitar claramente os deveres e direitos das duas partes envolvidas na relação entre empresas e Estado.

Segundo Ramos, da forma como o texto constitucional se refere às concessões há um claro enfraquecimento do Estado, incomum quando se usa essa figura jurídica. Referindo-se ao prazo de 10 anos para as concessões de emissoras de rádio e de 15 anos para as de televisão, lembra:

> Neste último dispositivo, de aparência inócua para o observador menos avisado, a consagração do caráter privado, de fato, das concessões de rádio e televisão. Um traço determinante da concessão pública é a sua reversibilidade, processo mediante o qual o Estado é capaz de reaver o que foi concedido por *instrumento contratual*. Concessão pública com prazo de duração estipulado na Constituição ao invés de em contrato administrativo, e passível de cassação apenas por votação nominal no Congresso Nacional, torna-se uma atividade essencialmente privada.[46]

Assim, tal como está estruturado o texto constitucional e considerando-se a inexistência de outros mecanismos legais precisos, o Estado concede à iniciativa privada a exploração de um bem público — as freqüências —, não

---

[46] Ramos, 2005:69.

estabelece parâmetros para a avaliação do uso das concessões — apenas prazos para sua caducidade — e submete a sua renovação apenas a parlamentares que se expõem frontalmente em um processo de análise marcado pela votação nominal. As empresas ficam resguardadas e têm a sua concessão preservada, só a expondo em momentos próximos da caducidade.

O art. 223 menciona, ainda, o princípio da complementaridade dos sistemas estatal, privado e público no tocante às emissoras de radiodifusão. A compreensão do sistema estatal é clara, sendo seus maiores símbolos as emissoras educativas. O sistema privado também é facilmente entendido, referindo-se às concessões exploradas pela iniciativa privada. O problema, no caso, é o sistema público, distante da realidade brasileira contemporânea. Essas emissoras agregariam sociedade civil e empresariado, garantindo-se de alguma forma o acesso do grande público à gestão dessas empresas e, como lembra Lins (2002), orientando-se o conteúdo para as informações locais, para a difusão da cultura nacional e para análises político-econômicas independentes.

Refere-se o art. 224 ao Conselho de Comunicação Social (CCS) como órgão auxiliar do Congresso Nacional, conforme lei a ser posteriormente elaborada. Quando foi proposto pela primeira vez pela deputada Cristina Tavares (PMDB-PE), ainda durante a Assembléia Nacional Constituinte, o conselho tinha funções bem diversas: seria responsável por elaborar políticas e controlar as outorgas, dele fazendo parte representantes da sociedade civil, do empresariado e dos poderes da República (exceção feita ao Judiciário). Rechaçado esse projeto, o conselho foi aprovado como órgão auxiliar do Congresso Nacional.

A regulação do Conselho de Comunicação Social só foi feita em 1991. Ficava esse conselho, segundo o art. 2º da Lei nº 8.389, responsável pela elaboração de pareceres, recomendações e estudos solicitados pelo Congresso Nacional, papel bem diferente, portanto, do imaginado durante a Assembléia Nacional Constituinte. Pelo art. 8º da mesma lei, o CCS seria instalado em até três meses.

Estenderam-se por mais de 10 anos os três meses previstos inicialmente. Uma vez instalado, compunha-se o CCS, conforme previsto em lei, de três membros de associações representativas das empresas de radiodifusão e de imprensa, um engenheiro com conhecimentos comprovados em comunicação social, quatro representantes de entidades classistas de profissionais do setor e cinco representantes da sociedade civil, todos ligados ao jornalismo e à radiodifusão. Mais de uma vez foi o Conselho de Comunicação Social reconhecido por seus próprios membros como órgão de poder e influência reduzidos, incapaz de atuar de forma enfática sobre o setor.[47] Em seus dois primeiros anos de existência, formaram-se comissões para estudar tecnologia digital, concentração da mídia brasileira, qualidade da programação, radiodifusão comunitária e TV por assinatura, sem nunca exercerem papel deliberativo.

A instância que seria responsável por fiscalizar as comunicações e elaborar políticas para o setor e que se caracterizaria por uma composição plural jamais saiu do papel. Manteve-se o pluralismo da composição do conselho, dando a entender uma concessão do Estado à participação da sociedade civil, mas seus poderes foram reduzidos, tornando-se suas decisões e pareceres secundários.

Promulgada a Constituição Federal de 1988, a elaboração de políticas para as comunicações continuava onde sempre esteve — na esfera governamental, mais precisamente no Poder Executivo e no Ministério das Comunicações, secundados pelo Poder Legislativo no que se refere à ritualística decisória. Enfraquecido o Conselho de Comunicação Social, e não tendo-se estabelecido legislação auxiliar compatível com o momento histórico vivido pelo país, desperdiçou-se ótima oportunidade para, no raiar da redemocratização política, empreender a democratização das comunicações no âmbito nacional, apontada como prioritária pela comissão constituída pela Unesco para tratar desse tema.

A política de distribuição de concessões

Quando assumiu o Ministério das Comunicações, Antônio Carlos Magalhães anunciou a suspensão de 144 concessões conferidas nos estertores do governo Figueiredo. Elas faziam parte de um grupo de 634 freqüências disponibilizadas nos seis anos anteriores, número já bastante alto, considerando-se a média de distribuição cotidiana. Aos poucos, porém, já a partir do segundo semestre de 1985, o primeiro ministro das Comunicações da Nova República começou a liberar as concessões anteriormente suspendidas.

O episódio sugere uma discussão sobre alguns aspectos específicos. Uma vez feitos pelo regime militar os necessários investimentos em infra-estrutura, as emissoras de rádio e televisão tornaram-se extremamente atraentes para as oligarquias regionais, como já dito anteriormente. Como grande parte dessas oligarquias estava — e ainda está — representada no Congresso Nacional, não tardou para que governos distintos fizessem uso da distribuição das emissoras

---

[47] Ver Congresso Nacional, 2004.

como moeda de troca política. Esse uso aumentou progressivamente até o fim do regime militar. Note-se, também, a elevação do valor intrínseco da barganha: instaurada a crise no seio do governo, foi preciso aumentar o número de emissoras distribuídas aos parlamentares, na expectativa de que o Poder Executivo conseguisse fazer aprovar projetos de seu interesse.

A suspensão das concessões pelo ministro das Comunicações revela o caráter precário daquelas — precário não só por ser um bem público passível de ser retomado pelo Estado, como também por não estar sujeito a regras claras que protegessem os investidores e a sociedade. A precariedade das concessões já se tornara nítida quando do fechamento da TV Tupi e de algumas rádios.[48] Já a revisão da suspensão das últimas concessões conferidas durante o regime militar, decidida meses depois pelo próprio ministro Antônio Carlos Magalhães, demonstra que, mesmo não havendo regulação rígida, velhos compromissos assumidos por um outro governo não podem ser simplesmente anulados. O rompimento unilateral de compromissos, ainda que assumidos com aliados de um regime distinto, foi apenas temporário, talvez porque a redemocratização política não tenha sido acompanhada de amplas reformulações na composição do Congresso Nacional.

Por fim, a atitude assumida pelo primeiro governo da Nova República ao adotar a distribuição de concessões de emissoras de radiodifusão como política de Estado pouco difere da prática nascida durante o regime militar. Apenas esse fato em si já demonstra a pouca possibilidade de promover mudanças no paradigma das comunicações no Brasil, visto que se opõe frontalmente à democratização dos meios de comunicação.

No anexo 4 deste livro tem-se uma amostra da evolução da distribuição de emissoras de radiodifusão. A utilização de duas fontes de dados distintas — Instituto Brasileiro de Geografia e Estatística e Ministério das Comunicações — justifica-se pelo desencontro dos números. Séries históricas sobre o número de emissoras existentes não estão normalmente disponíveis, até por ser difícil o controle desses dados mesmo pelas autoridades competentes. Séries históricas referentes ao número de concessões outorgadas em cada ano são ainda mais raras, podendo-se inferi-las a partir do número de emissoras em funcionamento em cada época.[49]

---

[48] Ver Castro, 2000.
[49] Além do controle precário sobre as concessões, outros fatores tornam ainda mais difícil a montagem de séries históricas sobre as emissoras. Desde o fechamento das representações estaduais do Ministério das Comunicações na década de 1990, os processos relativos à radiodifusão têm tramitado com mais lentidão por concentrarem-se na órbita federal. Ainda mais precário é o controle, por exemplo, da venda e da falência de emissoras.

O anexo 4 mostra que, de 1961, três anos antes do início do regime militar, até 1988, ano de promulgação da Constituição Federal, o número de emissoras de rádio em ondas médias cresceu aproximadamente 88,7%; o de emissoras de televisão, 560,9%; e o de emissoras de rádio em freqüência modulada, 2.153,8%. Naturalmente isso é reflexo do desenvolvimento da radiodifusão no país e, claro, nem todas as emissoras foram distribuídas com base em critérios políticos.

A política de distribuição de concessões como forma de negociação com o Poder Legislativo começou a evidenciar-se durante a vigência da Assembléia Nacional Constituinte. Segundo Gomes (2001), foi então que surgiram as primeiras denúncias de uso político das concessões, o que teria motivado a instauração de uma Comissão Parlamentar de Inquérito no Senado Federal. O resultado dessa política, no entanto, só seria mais bem conhecido posteriormente.

De acordo com Motter (1994), o governo de José Sarney, até a promulgação da Constituição Federal de 1988, foi responsável por 1.028 concessões, o que representa 30,9% de todas as conferidas no Brasil até o início do governo Collor. Chama a atenção a periodicidade da distribuição dessas emissoras (ver tabela 1).

Conforme a Assembléia Nacional Constituinte chegava ao fim dos seus trabalhos e se aproximava da promulgação da Carta Magna, aumentava o número de concessões distribuídas pelo Poder Executivo. Somente em 1988, até o dia 5 de outubro, quando foi promulgado o documento, distribuíram-se mais concessões do que em todo o restante do governo Sarney. O anexo 4 deste livro mostra o resultado dessa distribuição: no que se refere às emissoras em freqüência modulada, se em 1988 havia 586 em funcionamento no país, cinco anos mais tarde esse número chegou a 1.247, ou seja, um crescimento de 112,8%.

Tabela 1
Concessões e permissões outorgadas em 1985-88

Serviço	1985	1986	1987	1988	Total
FM	66	91	143	332	632
OM	47	50	53	164	314
TV	14	13	12	43	82
Total	127	154	208	539	1.028

Fonte: Motter, 1994.

Ainda segundo Motter, 91 membros da Assembléia Nacional Constituinte, ou 16,3% de um total de 559, foram premiados diretamente com pelo menos uma concessão de emissora de rádio ou de televisão, bem como pessoas próximas de políticos e técnicos influentes (ou eles próprios), como o secretário-geral do Ministério das Comunicações, Rômulo Villar Furtado, o titular dessa pasta, Antônio Carlos Magalhães, e o próprio presidente da República, José Sarney. Amigos e parentes desses três tiveram ou têm ligação, respectivamente, com o Grupo Rondovisão (emissoras de televisão e de rádio), a TV Bahia e o Sistema Mirante de Comunicações.

A distribuição de concessões aumentou bastante nos meses imediatamente anteriores à promulgação da Constituição Federal. Em julho de 1988, foram 31 as outorgas; em agosto, 75; e em setembro, 257, das quais 170 eram emissoras FM. Apenas nos cinco primeiros dias de outubro, outras 25 emissoras foram liberadas pelo governo federal. Dos 91 parlamentares que receberam concessões de emissoras de radiodifusão no primeiro governo da Nova República, 84 (92,3%) votaram a favor do presidencialismo como sistema de governo e 82 (90,1%) a favor de um mandato de cinco anos para o então presidente da República José Sarney, decisões que iam ao encontro das pretensões do Poder Executivo. A posse de emissoras de radiodifusão parece ter sido também um instrumento eficaz nas eleições parlamentares seguintes. Dos 129 deputados federais que eram proprietários de emissoras na legislatura 1987-90 (38 deles já o eram antes do governo Sarney e não receberam novas concessões), 52% conseguiram se reeleger, números que se tornam significativos quando comparados aos 38% de todos os constituintes que conseguiram um novo mandato.

Os planos de distribuição de canais mostram que muitas são as freqüências disponíveis no espectro e ainda não utilizadas, principalmente no que se refere às emissoras de televisão e de rádio em freqüência modulada — mesmo que, em alguns casos, elas não sejam economicamente interessantes. Embora parte dos parlamentares tenha interesse direto nas concessões, a simples entrada de um novo ator do plano governamental nesse processo (no caso, o Poder Legislativo) reforça a necessidade de estabelecer regras pactuadas, diminuindo assim a possibilidade de utilização desse mecanismo pelo Poder Executivo como forma de pressão ou de barganha política.

Em 1997, Sérgio Motta, ministro das Comunicações do governo de Fernando Henrique Cardoso, anunciou que a partir de então as concessões de emissoras seriam distribuídas por meio de licitações, ou seja, haveria regras mais claras e precisas. As licitações, nesse caso específico das concessões de emissoras, são especialmente polêmicas: mesmo tornando o processo mais transparente, privilegiam, ao estabelecer preços e condições técnicas de ponta como critérios de avaliação, os maiores grupos econômicos interessados na concessão, dificultando o acesso de segmentos outros da sociedade civil e, conseqüentemente, indo de encontro ao princípio de democratização das comunicações.

Quando surgiram as denúncias de compra de votos para a aprovação da emenda que garantiu a reeleição do presidente da República Fernando Henrique Cardoso, o ministro Sérgio Motta foi convidado a dar explicações no Congresso Nacional. Declarou então o ministro que o governo jamais havia repetido práticas de seus antecessores, como a distribuição de emissoras para aliados políticos. Costa e Brener (1997) mostraram que, embora não tenha feito uso das concessões, o governo aproveitou-se de um decreto antigo, o nº 81.600 de 1978, para distribuir retransmissoras de televisão (RTVs).

Por esse decreto, as retransmissoras deveriam ser simples repetidoras da programação das emissoras comerciais, a menos que estivessem localizadas na área conhecida como Amazônia Legal (toda a região Norte, parte do Maranhão e o estado de Mato Grosso) ou que estivessem ligadas às emissoras educativas. Nesses casos, as retransmissoras poderiam inserir até 15% de programação própria em sua grade. As retransmissoras eram distribuídas apenas por portarias do Ministério das Comunicações, dispensando-se licitações e sem que fosse preciso ouvir o Congresso Nacional. Tratava-se, portanto, de evidente brecha na legislação que permitia novamente ao Poder Executivo utilizar a radiodifusão como moeda de barganha política com o Legislativo.

Ainda de acordo com Costa e Brener, o governo federal distribuiu 1.848 retransmissoras de televisão, sendo 527 a empresas de comunicação, 479 a prefeituras, 472 a empresas e entidades ligadas a igrejas, 102 a fundações educativas e 268 a empresas ou entidades controladas por 87 políticos. Destes, 19 deputados e seis senadores votaram favoravelmente à reeleição. Os outros beneficiários foram dois governadores, 11 deputados estaduais, sete prefeitos, oito ex-deputados federais, três ex-governadores, oito ex-prefeitos e mais outros 23 políticos. Em dezembro de 1996, apenas um mês antes da votação em primeiro turno da emenda da reeleição na Câmara dos Deputados, quase 400 dessas RTVs, principalmente as destinadas a deputados, senadores e prefeitos, receberam autorização para funcionar. Os autores destacam que especialmente beneficiadas foram as redes de televisão com programação eminentemente religiosa — como a Rede Vida (306 emissoras recebidas) e a Rede Record (151)

— e as prefeituras ligadas aos partidos da base aliada — como as 35 ocupadas pelo PMDB em Goiás e outras 28 ocupadas pelo PPB no Rio Grande do Sul. Note-se como ganharam maior importância, para a política da Nova República, as igrejas e movimentos religiosos diversos, fortalecidos com o crescimento de suas bancadas no Congresso Nacional. Assim, aos governos de diferentes matizes coube e cabe reconhecer os religiosos como atores de grande peso político.

A freqüência com que se distribuíram emissoras e retransmissoras na Nova República levou à consolidação de uma bancada de parlamentares ligados, como empresários, à causa da radiodifusão. Nesse período, gira em torno de 25% do Congresso Nacional o número de parlamentares com ligações conhecidas com empresas de radiodifusão. Motter (1994) estimou-os em, pelo menos, 146 (26,12% do total) durante a vigência da Assembléia Nacional Constituinte. Pacheco (2004), 16 anos depois, listou 29 senadores (35,80% do total de membros do Senado Federal) ligados a essas empresas. De acordo com Santos e Capparelli (2005), 33,6% das emissoras de televisão e 18,03% das retransmissoras pertencem a políticos das esferas municipal, estadual e federal.

É preciso lembrar, nesses casos, as relações que permeiam a política nacional. Prefeitos e governadores têm influência no plano federal, e as entidades religiosas não raro estão ligadas a políticos. Assim, a análise da distribuição de concessões não pode se restringir ao plano federal, onde o Poder Executivo consegue, de fato, fazer uso das emissoras como moeda de troca. Os efeitos dessa política estendem-se por estados e municípios, dela tirando proveito os interessados nas diversas esferas.

A posse de emissoras de radiodifusão especificamente por parlamentares é limitada por dois dos principais marcos legais que regulam o setor. O art. 38 do Código Brasileiro de Telecomunicações de 1962 reza que as funções de diretor ou gerente de uma empresa concessionária de rádio ou televisão não poderão ser exercidas por quem estiver gozando de foro especial ou de imunidade parlamentar. A Constituição Federal de 1988, em seu art. 54, proíbe parlamentares, desde a expedição de seus diplomas, de firmar ou manter contrato com empresas concessionárias de serviço público, como é o caso das emissoras de rádio e televisão. Pelo art. 55 do mesmo documento, o descumprimento dessa regra pode levar à perda do mandato.

O caráter pouco incisivo da legislação vigente facilita a utilização das concessões como moeda de troca, o que, praticado de forma sistemática, acaba por se caracterizar como política de Estado. Por política de Estado entende-se aqui uma prática que não é exclusiva de administrações específicas, mas que permeia a história brasileira recente e a trajetória de diversos governos. Difere, no caso das comunicações, de uma política pública, na medida em que não se destina ao atendimento de demandas específicas da sociedade, tampouco lhe dá acesso ao processo decisório, como defende o relatório da Unesco. A política de Estado, no caso da distribuição de concessões, é na verdade uma prática pouco transparente e marginal à legislação vigente, envolvendo um processo de negociação no qual um pequeno grupo se beneficia de um recurso público — as freqüências — em troca de apoio ao principal controlador desse recurso: o Poder Executivo.

A política de Estado relativa à distribuição de concessões reforçou, como lembra Motter (1994), dois aspectos estruturais dominantes na radiodifusão brasileira. O primeiro é o predomínio das redes nacionais e comerciais de televisão e de conglomerados de mídia, facilitando a concentração de meios de comunicação sob égide única e a formação de oligopólios, o que deve ser repelido de acordo com o texto constitucional. Segundo pesquisa feita pelo Instituto de Estudos e Pesquisas em Comunicação — EPCOM (2002), as seis principais redes de televisão privadas reuniam 140 grupos afiliados, detentores, por sua vez, de 667 meios de comunicação, divididos entre 294 emissoras geradoras de TV em VHF e 15 em UHF, 122 emissoras de rádio OM, 184 em FM, duas em OT e 50 jornais e revistas. De acordo com uma atualização parcial desses dados feita em 2005 pelo Fórum Nacional pela Democratização das Comunicações (FNDC), as seis principais redes comerciais de televisão teriam 263 emissoras afiliadas de um total de 332 existentes no país. A concentração dos meios de comunicação no plano nacional, notadamente na mídia televisiva, reduz as possibilidades de desenvolvimento de uma produção independente e regionalizada, prevista no texto constitucional, já que esta adquire caráter secundário em relação à produção das emissoras cabeças de rede, onde há infra-estrutura montada e gastos otimizados para o investimento em programação. Como os custos de investimentos semelhantes nas emissoras afiliadas são mais altos do que a simples retransmissão da programação produzida nos grandes centros e, além disso, os gastos elevados não são garantia de sucesso da programação, os empresários da radiodifusão hesitam em produzir conteúdo próprio. Note-se, ainda, que não há limites para o número de emissoras afiliadas por rede, nem, conseqüentemente, de área ou de público a ser alcançado por uma programação específica. As redes brasileiras têm caráter realmente nacional, na medida em que cobrem virtualmente todo o território do país.

O segundo aspecto estrutural referido por Motter é a maior participação de grupos políticos regionais no cenário da radiodifusão, fenômeno conhecido como "coronelismo eletrônico" e aqui examinado anteriormente. Geralmente esses políticos se associam aos grandes empresários da mídia, o que gera problemas semelhantes aos já mencionados: concentração dos meios de comunicação e pouco estímulo à produção regional e independente. Nesse caso, porém, há um agravante: por mais que os marcos legais sejam imprecisos no que se refere à radiodifusão, há uma evidente burla, pelo menos aos olhos do legislador, ainda que isso não caracterize, de fato, violação legal. Assim, embora a legislação vede aos parlamentares o exercício de funções diretivas em empresas de radiodifusão, proibindo-os também de manter contrato com elas, é comum essas emissoras pertencerem a familiares, amigos e correligionários seus, quando não diretamente aos próprios parlamentares, principalmente devido à inexistência de uma fiscalização rigorosa e permanente.

Portanto a Constituição Federal de 1988 revela-se, presentemente, uma conjugação de princípios pouco consoantes com a realidade. Por falta de regulamentação precisa e posterior, conceitos como oligopólio, liberdade de imprensa, produção independente e regionalizada tornam-se, na prática, vazios de significado e acabam por privilegiar o empresariado em detrimento do caráter público dos recursos envolvidos e do setor em questão. Vale lembrar que deveria ser tarefa do Estado justamente usar tais recursos para atender a demandas diversas da sociedade, enfatizando seu caráter público e de concessão a ser explorada, no caso, pela iniciativa privada. Assim, a Constituição Federal de 1988, passados 16 anos desde a sua criação após a redemocratização política, não tem seus princípios totalmente aplicados, tampouco pode ser tomada como ponto de partida para a elaboração de políticas públicas. A Carta Magna, ainda não regulamentada por legislação secundária no que tange às comunicações, é no máximo uma carta de intenções que reflete as tensões e discussões constantes nesse campo em fins da década de 1980.

A política de distribuição de emissoras de radiodifusão com base em critérios políticos posta em prática pelo Estado fere, por fim, o princípio da democratização das comunicações, tal qual definido no relatório da Unesco. Ela não só dificulta a participação da sociedade civil nos processos de discussão e de elaboração de políticas públicas, como também evita que pequenos grupos distantes da lógica legislativa tenham acesso a meios de comunicação de massa que dependam de concessões de freqüências por parte do Estado. As outorgas concedidas a parlamentares promovem, nesse sentido, a concentração dos meios de comunicação e, de modo geral, a manutenção do *status quo* vigente.

Capítulo 4

Crise

Como até hoje não foram de todo regulados os dispositivos da Constituição Federal de 1988, e uma vez mantido o manancial legal existente antes mesmo da Nova República, abriu-se espaço para o funcionamento das comunicações no Brasil com base em interesses pessoais alheios à esfera pública. Como dizem Fox e Waisbord (2002:10) em sua análise sobre a América Latina:

> A democratização política não gerou uma genuína democratização na posse, no conteúdo e no controle dos meios de comunicação, e os mecanismos públicos de *accountability* tampouco se tornaram parte integrante do processo de troca de donos desses meios. Atores públicos fizeram uso das políticas de privatização como meio para obter vantagens pessoais, tanto políticas quanto econômicas, ao aceitar as demandas dos interesses ligados aos poderosos meios de comunicação. O sistema antigo, no qual o Estado tinha um papel determinante nos assuntos relativos aos meios de comunicação, certamente foi modificado, mas a dinâmica de atendimento de favores pessoais e clientelismo continua existindo.

A análise dos autores, focalizando de forma genérica o contexto latino-americano, aplica-se também ao caso brasileiro. O acesso da sociedade aos meios de comunicação, como discutido anteriormente, não se tornou mais amplo, e o Estado, ora encarado numa perspectiva democrática, não fomentou políticas para alcançar esse fim, nem criou mecanismos oficiais de *accountability* no que tange às comunicações. Assim, permaneceram vigendo as velhas práticas voltadas ao clientelismo e ao atendimento de favores pessoais, configurando uma troca política no âmbito dos meios de comunicação.

A inexistência, nesse setor, de um manancial legal consistente criou parâmetros distorcidos no tocante à relação entre o Estado e os meios de comunicação de massa — estes, vale lembrar, não raro concentrados sob a égide de oligarquias regionais nos planos econômico e político. Uma primeira observação a ser feita é a criação tácita e implícita de um espaço permissivo que implica uma relação oficiosa entre o Estado e os meios de comunicação. Exemplos dessa relação são a ausência de critérios claros e constantes para a distribuição de concessões públicas de emissoras de rádio e televisão, a participação acionária nessas empresas de políticos com mandatos vigentes e o enfraquecimento de possíveis instâncias de fiscalização operadas no âmbito da sociedade civil, ainda que umbilicalmente ligadas à máquina pública, como, por exemplo, o Conselho de Comunicação Social. Cria-se, pois, a possibilidade de uma relação à margem da lei, justamente onde esta oferece brechas, para atender a interesses privados por meio do provimento de um bem público. Não interessaria, nesse caso, sequer o estabelecimento de um manancial legal mais rigoroso, capaz de evitar a apropriação do bem público.

Há de se considerar, ainda, que a criação desse espaço permissivo, implicitamente embasado na legislação vigente, dificulta o estabelecimento de políticas públicas efetivas e fortalece a opção pelo atendimento de interesses pessoais. Trata-se, assim, de situação que ganha em complexidade, quando submetida a uma sistemática constante. A distribuição das concessões de emissoras de radiodifusão é, nesse sentido, exemplar. Quando atendem a interesses pessoais, as concessões se tornam conseqüência natural não de uma política pública de fomento e interiorização da radiodifusão, e sim da privatização de um bem público.

Privatização bem diferente dessa foi a realizada — aí, sim, explicitamente e de modo formal — durante a década de 1990, no que se refere ao aparato estatal produtivo e de oferecimento de bens e serviços. Ainda que nem a radiodifusão nem a mídia impressa tenham sido diretamente atingidas num primeiro momento, as comunicações de modo geral foram peça-chave no estabelecimento do novo modelo e, a partir dele, pôde-se mudar a correlação de forças no que se refere a esse setor.

Outra marca da década de 1990 e início do novo milênio foi a crise das empresas de comunicação. Enfrentando sérios problemas financeiros, elas buscaram alternativas para sanear suas dívidas, com reflexos na administração pública e na legislação vigente.

Uma vez alteradas parcialmente a legislação e a constituição do aparato estatal, a primeira vítima foi a estrutura formal de poder.

O Ministério das Comunicações

Depois de uma fase em que teve papel central no cotidiano político brasileiro, o Ministério das Comunicações foi uma das vítimas da política de redução da máquina pública do governo de Fernando Collor. Fechado o ministério, as comunicações ganharam uma secretaria no recém-criado Ministério da Infra-Estrutura, comandado por Ozires Silva. Ainda no início do seu governo, o presidente da República Fernando Collor suspendeu a outorga de novas concessões, acenando com a possibilidade de se proceder a uma revisão do plano de canais, o que de fato não chegou a ocorrer. Na prática, o novo presidente não abria mão das concessões como moeda de troca política — apenas as transferia para outra esfera. Precariamente regulado por um decreto no governo anterior, o incipiente mercado de TV por assinatura, como lembra Castro (2002), constituía atrativo inédito para os postulantes às concessões, além de ser, até aquele momento, de responsabilidade única e exclusiva do presidente da República.

Eis como se evidenciava o propósito central de diferentes governos em relação ao Ministério das Comunicações (citado a seguir como Minicom):

> Desde sua criação, o Minicom foi essencialmente um órgão com atribuições técnicas, destinado a decidir sobre concessões, utilização do espectro de freqüências e todas as atribuições relativas às telecomunicações. O seu corpo funcional é quase todo composto por técnicos da área de telecomunicações. Durante o governo Collor, chegou a ser incorporado ao Ministério da Infra-Estrutura, demonstrando a sua vocação de órgão técnico. (...) Ao assumi-lo assim, os governos abrem mão de pensá-lo como um espaço de formulação de políticas de comunicação, na acepção que aqui assumimos. O Minicom deixa de ter a incumbência de organizar os processos comunicacionais que se dão fora dos meios de comunicação de massa e abre mão de definições próprias da área no que se refere às tentativas de garantir o direito à informação, ou mesmo o direito à comunicação. Enfim, o que parece um problema de atribuições transforma-se em problema político, já que o Minicom deixa de estar a serviço do público para

estar, como um órgão estritamente técnico, a serviço dos empresários, da organização e atuação destes.[50]

Ao privilegiar o entendimento técnico das comunicações e se afastar da questão informacional e de conteúdo, o Estado brasileiro desiste de criar a estrutura oficial e os fóruns de discussão necessários à formulação e implementação de políticas públicas para o setor, tal como concebido de forma mais ampla. Com isso, reforça o estabelecimento de um espaço público desregulado em que prevalece a relação informal entre os atores envolvidos no processo.

Embora tenha sido recriado ainda no início do governo Itamar Franco, o Ministério das Comunicações voltaria a sofrer reestruturação profunda apenas no governo seguinte, de Fernando Henrique Cardoso, sob a égide de Sérgio Motta, amigo pessoal do presidente da República. Logo em seu discurso de posse, Motta anunciou as cinco linhas mestras de sua gestão: programa de investimentos para o setor; profissionalização do ministério e das empresas a ele vinculadas; constantes debates sobre um novo modelo institucional para as comunicações; normas gerais, estabelecidas pela sociedade, para o uso dos meios de comunicação; e um "pacto ético" que orientasse investimentos e concorrências, baseado em transparência e atendimento do interesse público.[51]

Ambiciosos, os planos de Motta seriam interrompidos em 1998, ano de sua morte. Em tese, propunham uma revolução nas comunicações como não se via desde o regime militar. A infra-estrutura do setor, montada em grande parte nas décadas de 1960 e 1970, encontrava-se envelhecida e carente de novos investimentos, notadamente no que se refere à telefonia. O modelo institucional das comunicações estava em xeque, depois de tantas mudanças na estrutura dos órgãos por elas responsáveis e da promulgação de marcos legais ainda não regulamentados. O debate sobre o funcionamento da mídia e as premissas que deveriam orientá-la eram reivindicação antiga dos movimentos defensores da democratização das comunicações. Por fim, transparência e interesse público eram conceitos distantes das práticas no setor, principalmente no que diz respeito à distribuição de concessões de emissoras.

Mudanças significativas no âmbito das comunicações durante a gestão de Motta foram a quebra do monopólio estatal nas telecomunicações e a privatização das empresas que operavam nesse setor. Para isso, separaram-se oficialmente a

---

[50] Castro, 2002:108-109.
[51] Ver Prata, Beirão e Tomioka, 1999:32-33.

telefonia e a transmissão de dados da radiodifusão, revogando-se os artigos do Código Brasileiro de Telecomunicações referentes às primeiras, agora reguladas por legislação própria, a Lei Geral de Telecomunicações. Se bem que o tema fuja ao escopo deste livro, é preciso entender a mudança no modelo como vetor que levou à alteração das relações de poder no setor das comunicações.

A fim de que o Estado mantivesse mecanismos para a regulação do setor de telecomunicações, criou-se a Agência Nacional de Telecomunicações (Anatel) em 1997. Trata-se de autarquia especial que, oficialmente, é independente do ponto de vista administrativo, autônoma do ponto de vista financeiro, comandada por dirigentes com mandato fixo e estabilidade, e não subordinada hierarquicamente a nenhum órgão público. Com funções principalmente no setor de telecomunicações, a Anatel é responsável, ainda, por administrar o espectro de radiofreqüências e estabelecer as condições para a obtenção e a transferência de concessões de TV por assinatura e autorizações. Em suma, como lembra Saravia (2004), são funções das agências a regulação, a mediação, a arbitragem, a fiscalização e a aplicações de sanções.

Característica essencial desse modelo de regulação é a independência das agências. Nelas o Poder Executivo não deve interferir, o que caracteriza uma instância pretensamente neutra em relação aos atores interessados, onde se tomam decisões levando em consideração fundamentalmente aspectos técnicos. Essas são premissas radicalmente opostas àquilo que se observa no campo das comunicações no Brasil, marcado por práticas como clientelismo e pela influência dos atores político-partidários. Referindo-se a esse cenário e à criação da Anatel, Ramos (2004:9) conclui:

> tentou-se criar um ente estranho, despolitizado, "técnico e apartidário", como se fosse possível separar *política de governo* de *política de agência* "independente"; separar *política executiva* de *política regulatória*. Ao que consta de especulações do período, essa separação deveria ter sido ainda mais radical com a extinção do Ministério das Comunicações, fundido a um genérico ministério da Infraestrutura, deixando para a Anatel a condução quase total da política setorial.

Especificamente no setor das comunicações, a interpretação de que determinados agentes podem atuar de forma independente, tecnicista e apolítica ganha complexidade extra. Argumentos técnicos são, nesse caso, opções políticas, dadas as ligações naturais desse setor com as instituições democráticas. Da definição dos critérios para a distribuição de emissoras dependem, por exemplo, a democratização das comunicações e a entrada de novos atores no mercado da radiodifusão. Se se adotarem critérios financeiros ou de excelência técnica, serão privilegiados os grupos econômicos fortes, no mais das vezes já presentes diretamente no setor, e preteridos, portanto, outros segmentos organizados da sociedade civil. Não se ampliará o acesso da sociedade aos meios de comunicação de massa — muito pelo contrário, já que a adoção de critérios puramente técnicos pode favorecer a concentração empresarial, ainda mais levando em conta a inexistência de marcos legais que a restrinjam.

As agências, mesmo que não sejam hierarquicamente subordinadas a nenhum órgão público específico, a estes são ligadas do ponto de vista organizacional. Assim, para dispor de um perfil puramente técnico, as agências deveriam, como diz Ramos (2004:8), estar atreladas a um Estado "supostamente neutro, asséptico, imutável, livrando-o da contaminação política pelos governos partidários, ideológicos e conjunturais", donde a necessidade da autonomia político-financeira. A existência de um ente regulador independente e desprovido de caráter político confrontar-se-ia, nas comunicações, com um contexto bem distante dos princípios que o regeriam. Suplantá-lo seria especialmente difícil, a menos que houvesse marcos legais precisos.

De qualquer forma, a criação de uma agência voltada para as telecomunicações altera a lógica da relação de poder existente em todo o âmbito das comunicações. Se o papel desempenhado historicamente pelo Ministério das Comunicações referiu-se justamente a questões técnicas e se a radiodifusão e a mídia foram relegadas a segundo plano no que tange a políticas públicas voltadas para aspectos de conteúdo informacional, o ministério perde sua razão de existir com a criação de um órgão de perfil rigorosamente técnico, imune a ofensivas políticas e dotado de prerrogativas similares. Caso as atribuições restantes do Ministério das Comunicações ficassem definitivamente atreladas a um Ministério da Infra-Estrutura, sairiam perdendo, em tese, todos os atores ligados à radiodifusão e à imprensa: o Executivo, por não mais poder usar como moeda de barganha política as concessões, a serem transferidas para a esfera da agência; o Legislativo, por não mais poder usufruir das emissoras do ponto de vista dessa barganha; o empresariado, por ter que se submeter a critérios essencialmente técnicos e ser obrigado a se relacionar com um novo ator voltado para a regulação e de caráter independente, considerando-se que as agências seriam, em tese, imunes a pressões políticas; e, por fim, principalmente a sociedade, já que seria oficializada a interpretação das comunicações como fenômeno puramente técnico, sem relação com as instituições democráticas, pois o modelo adotado para a Anatel não inclui a fiscalização dos meios de comunicação no que se refere ao conteúdo informacional.

Ainda em relação à gestão de Motta no Ministério das Comunicações, foi também regulado o serviço de radiodifusão comunitária, tema alheio ao escopo deste livro. Foram redefinidos, ainda, por três vezes durante o governo Fernando henrique Cardoso, os critérios para a distribuição de retransmissoras de TV.

Passados 10 anos da criação da Anatel, o Ministério das Comunicações não só não foi fechado, como também continua sendo um posto cobiçado no primeiro escalão do governo federal. Ao ministro titular da pasta não mais compete nomear diretores para as já privatizadas companhias telefônicas, onde o preenchimento dos cargos se fazia por meio de indicação política. Mas ainda restam outros atrativos significativos para os que almejam o posto de ministro das Comunicações.

Um deles são os Correios. O orçamento para a estatal, no ano de 2005, foi de R$ 8,5 bilhões, e suas atividades vão muito além da distribuição de cartas. Seu presidente e seis diretores comandam uma empresa responsável por serviços de exportação, patrocínios culturais e esportivos e outras funções, sendo essa estrutura dotada de grande capilaridade, com numerosos cargos regionais a serem preenchidos por meio de indicações políticas.

Outro são as concessões de emissoras de radiodifusão. A legislação que lhes diz respeito tornou-se mais rígida, mas o ministro das Comunicações ainda dispõe de influência política nesse âmbito. Mesmo com a criação da Anatel, foi o então ministro Sérgio Motta quem procedeu à abertura de licitações para novas concessões de emissoras de rádio e televisão, o que não acontecia desde 1990.

A outorga de retransmissoras de televisão é um terceiro atrativo para os interessados em assumir a pasta. Em fevereiro de 2005, por exemplo, o então ministro das Comunicações Eunício de Oliveira abriu consultas públicas[52] para a distribuição de 52 retransmissoras de TV, 69% das quais no Ceará, seu estado de origem. Segundo Seabra (2005), entre os 36 municípios cearenses agraciados estão Icó, Baturite e Tauá, onde Eunício foi o deputado federal mais votado,

---

[52] Por meio da consulta pública, o Ministério das Comunicações anuncia sua disposição de autorizar o funcionamento de uma RTV numa dada cidade, concedendo um prazo para que os interessados se manifestem a respeito.

além de outras cidades importantes para a política local. A concentração das retransmissoras em um só estado, nesse caso, não é ilegal.

Mesmo com a criação da Anatel, ainda é grande o fascínio que o Ministério das Comunicações exerce para os políticos em geral. O surgimento de um ente regulador, em tese eminentemente técnico, não eliminou a possibilidade de relações de barganha entre os poderes Executivo e Legislativo, tampouco de atendimento de demandas e interesses pessoais. Convivem, assim, no campo da radiodifusão, dois entes por sua natureza conflitantes: um, por definição, teoricamente técnico; o outro, eminentemente político, a regular um setor onde historicamente nunca prevaleceram critérios puramente técnicos.

Problemas

As mudanças por que passam as comunicações não se restringem apenas à estrutura formal de poder. Atingidas diretamente por mudanças nos contextos nacional e internacional, as empresas do setor enfrentam problemas de natureza diversa que terminaram por caracterizar um cenário de crise. Primeiro serão brevemente discutidas duas dimensões dessa crise, e depois analisada a política do Estado para socorrer as empresas desse setor.

Insumos

Tanto a mídia impressa quanto a eletrônica dependem de insumos provenientes em grande parte do exterior e, portanto, influenciados pelas mudanças no câmbio e pelas nuanças no cenário econômico. Trata-se da matéria-prima dos jornais impressos, ou seja, o papel,[53] e da tecnologia utilizada pelos meios de comunicação em geral.

Historicamente o papel-imprensa representa despesa considerável para os veículos impressos. Para Dines (1986), o papel de imprensa passava, ainda na década de 1970, por uma crise que não era nem conjuntural nem passageira, se bem que agravada por características sazonais. Por não produzir esse tipo de

---

[53] Esse problema é menos acentuado no caso das revistas de grande circulação, já que o papel utilizado em sua produção é fabricado em grande parte no Brasil.

papel, o mercado brasileiro dependia — e depende — daquele fabricado no exterior, principalmente no Canadá. Problemas nesse país, como o rigoroso inverno de 1973, que prejudicou o abate de árvores, e as greves ferroviárias do mesmo ano, dificultando o transporte da madeira, constituíam obstáculos ao atendimento da crescente demanda pelo produto no Brasil. Mesmo assim, esperava-se aumentar o consumo de papel-imprensa de 270 mil toneladas em 1973 para 313 mil no ano seguinte, não obstante a estagnação da produção (117 mil toneladas por ano).

O crescimento do consumo de papel pelos jornais não se fez acompanhar da auto-suficiência no setor. Apesar da disponibilidade de matéria-prima, não se instalaram no país, na década de 1970, as fábricas necessárias para atingir aquele objetivo, principalmente devido a uma alegada ausência de incentivos estatais à produção, de acordo com os fabricantes.[54]

Depois de um notável aumento da produção na década de 1980, com a criação de novas fábricas e a ampliação da capacidade do parque produtivo, então responsável por 80% do papel-imprensa consumido no país, o setor voltou a demonstrar fragilidade na década de 1990. O aumento de 91% na produção, no biênio 1984/85, não só não se repetiu, como também aumentou a necessidade de importação desse produto, como se pode ver na tabela 2.

Tabela 2
Produção e importação de papel de imprensa em mil toneladas (1998-2004)

	1998	1999	2000	2001	2002	2003	2004
Produção nacional	274	243	266	233	248	163	133
Importação	400	379	398	297	250	281	350
Papel importado (%)	59,34	60,93	59,93	56,03	50,2	63,28	72,46

Fonte: Bracelpa, 2005.

Em 2003, a multinacional Norske Skog tornou-se a única produtora de papel de imprensa no Brasil, depois de rompimento com a Klabin, o que explica a súbita queda na produção. Naquele ano, a importação de papel de imprensa chegou a 281 mil toneladas (63,28%), tornando esse produto responsável por

---

[54] Ver Dines, 1986.

quase 1/3 dos custos dos jornais. Isso levou o então presidente do BNDES, Carlos Lessa, a defender a criação de programas de fomento à produção desse papel no Brasil.[55]

No que se refere à infra-estrutura técnica das comunicações, também foram grandes os investimentos nas últimas décadas. No período 1960-70, grande parte dos investimentos foi feita pelo Estado, de acordo com política que beneficiou principalmente a radiodifusão e a telefonia, mas na década de 1990 os investimentos foram capitaneados pelas empresas de mídia, em face do aumento do aporte de capital no setor de telecomunicações. Novos mercados, como TV por assinatura, serviços para a telefonia e internet, eram os alvos preferenciais.[56] Sem recursos próprios para competir com as novas companhias telefônicas e sem dispor de linhas de crédito de longo prazo no Brasil, como lembra Lobato (2004), as empresas de mídia buscaram recursos em moeda estrangeira e viram suas dívidas aumentar exponencialmente com a flutuação do câmbio. Em 2004, a dívida estimada do setor girava em torno de R$ 10 bilhões, 80% dos quais em dólar e 83,5% com vencimento em curto prazo.

Parte dos investimentos baseou-se em projeções totalmente equivocadas. O mercado de TV por assinatura, previsto pela Anatel para comportar 10 milhões de assinantes em 2003, totalizava, nesse ano, apenas 3,5 milhões. A informatização das redações e a compra de impressoras novas consumiram entre US$ 600 milhões e US$ 700 milhões a partir de 1995, quando ainda era maior a valorização do real em relação à moeda estrangeira. Algumas empresas de comunicação ainda tentaram investir nas companhias telefônicas privatizadas, mas, em sua maioria, acabaram por desistir do setor. O período crítico para as empresas jornalísticas e de radiodifusão foi o início do atual milênio. De 2000 a 2002, a circulação de jornais caiu de 7,9 milhões para 7 milhões de exemplares por dia, e a de revistas, de 17,1 milhões para 16,2 milhões. O bolo publicitário, no mesmo período, diminuiu de R$ 9,8 bilhões para R$ 9,6 bilhões.[57]

O alto grau de endividamento das empresas de mídia torna o setor frágil e prejudica o papel a ser desempenhado pela imprensa, uma vez que os proble-

---

[55] Ver Senado Federal, 2004.
[56] Note-se a crescente convergência de mídias na atualidade, podendo envolver ao mesmo tempo empresas telefônicas e de radiodifusão, tanto no aspecto técnico quanto informacional. A distinção legal por completo entre telecomunicações e radiodifusão, sem que se analisem pontos comuns aos dois setores, não contempla, portanto, as demandas originadas das recentes inovações tecnológicas.
[57] Ver Lobato, 2004.

mas financeiros podem vir a comprometer a independência dos meios de comunicação em relação a grupos econômicos e políticos fortes, como será discutido ainda neste capítulo.

Pessoal

O perfil profissional das empresas jornalísticas começou a mudar drasticamente ainda na década de 1980. Nas oficinas, as antigas impressoras foram aos poucos sendo trocadas por maquinário novo, e, nas redações, os terminais vieram substituir as velhas máquinas de escrever, então aposentadas. Outra conseqüência das inovações tecnológicas foi a demissão em massa de jornalistas e outros profissionais ligados a essas empresas.

Na mídia eletrônica, a redução dos gastos com pessoal pode ser constatada através de apenas um exemplo. Uma equipe de reportagem de uma emissora de televisão costumava ser composta por cinco profissionais, três dos quais incumbidos de operar exclusivamente o equipamento (câmera e acessórios). Já na década de 1990, bastavam dois ou três profissionais para formar essa mesma equipe. Hoje, um único profissional é capaz de realizar sozinho a reportagem e a filmagem. O mesmo se pode observar na mídia impressa. Ribeiro (1994) afirma que a informatização da redação da *Folha de S. Paulo* levou, em setembro de 1983, à substituição de 72 revisores de texto por apenas um responsável por apontar os erros de cada edição. Jornalistas experientes foram aos poucos substituídos por recém-formados, aumentando o contingente de desempregados e achatando o piso salarial da categoria. Já na década anterior tinha-se começado a exigir que os repórteres escrevessem seus próprios textos, dispensando-se parte do corpo de redatores.

As mudanças não foram aceitas passivamente. No fim da década de 1970, já se fazia notar a organização sindical dos jornalistas. Em 1979, profissionais de diversas empresas do setor entraram em greve. Esta foi encerrada em poucos dias, sem que todas as reivindicações fossem atendidas, mas ficou claro para os donos de empresas que seria preciso formar uma associação patronal capaz de enfrentar possíveis problemas futuros. Em 17 de agosto de 1979, o empresariado formou a Associação Nacional dos Jornais (ANJ), visando ao fortalecimento de seus empreendimentos e à união do setor. Ainda assim, novas greves de jornalistas estourariam na década de 1980.

Apesar dos protestos, o processo de modernização nas redações e as conseqüentes demissões de jornalistas continuaram. Os números relativos às dispensas não são precisos. Segundo dados do Sindicato dos Jornalistas Profissionais do Município do Rio de Janeiro,[58] no início da década de 1990 havia em todo o município 6 mil jornalistas distribuídos entre os sete maiores jornais cariocas, quatro sucursais de outros jornais, mais de 20 revistas, 30 estações de rádio, sete emissoras de televisão e assessorias de imprensa.

Esses dados foram atualizados numa pesquisa feita em 1998 pelo próprio sindicato.[59] Nesse meio tempo, dois jornais cariocas, A Notícia e Última Hora, e uma editora responsável por várias revistas, a Bloch, haviam sido fechados. Restaram então cerca de 1,5 mil jornalistas trabalhando em jornais, revistas, rádios e emissoras de televisão no Rio de Janeiro. O número chega a 3,5 mil, se forem incluídas as assessorias de imprensa. Entre 2002 e 2004, de acordo com o Ministério do Trabalho, chegou a 17 mil o número de dispensas em empresas de comunicação em todo o país.[60]

Imersas em crise, as empresas de mídia intensificaram, nos primeiros anos do novo milênio, a busca de parceiros para solucionar seus problemas.

Soluções

Não bastasse o endividamento do setor, as freqüentes demissões passaram a demandar uma ação por parte do Estado. A resposta governamental aos problemas enfrentados pelos meios de comunicação não se restringe à atuação propriamente dita desse setor; na verdade, remete à relação que os diferentes governos brasileiros optam por estabelecer com as empresas jornalísticas e de radiodifusão. A seguir serão debatidas três alternativas, tornadas viáveis pelo Estado, visando à redução das dívidas das empresas de mídia no Brasil.

Publicidade

Historicamente a publicidade oficial desempenhou papel importante no que tange às fontes de financiamento dos meios de comunicação no Brasil. Oficialmente, essa prática tem limites, estabelecidos pelo orçamento e fiscalizados

---

[58] Ver Travancas, 1993.
[59] A pesquisa baseou-se na contagem dos nomes constantes das planilhas enviadas pelas empresas com o intuito de comprovar o desconto do imposto sindical. O resultado, não publicado, é utilizado como referência pelo sindicato (ver Pieranti, 2003).
[60] Ver Lobato, 2004.

pelos atores competentes. Extra-oficialmente, trata-se de mecanismo de alcance restrito, mas eficiente, na medida em que qualquer governo ou órgão da administração pública pode, através de sua propaganda, ajudar ou mesmo subsidiar determinadas publicações em que tenham interesse. No âmbito federal, a Subsecretaria de Comunicação Institucional da Secretaria Geral da Presidência da República (Secom/SG-PR) divulga o total da distribuição das verbas publicitárias, bem como a sua destinação por mídia específica e a sua origem, tanto em relação aos órgãos da administração direta quanto indireta. A tabela 3 mostra o valor total dos gastos com publicidade feitos pelo governo federal.

Tabela 3
Gastos do governo federal
(administração direta e indireta) com publicidade

Ano	Total (R$)
1998	735.019.940,40
1999	690.701.312,31
2000	793.155.333,02
2001	881.574.239,02
2002	703.673.453,80
2003	617.112.741,83
2004	867.124.025,95

Fonte: Secom, 2005.

Os valores chamam a atenção para um detalhe: nos anos de eleições municipais, cresceu consideravelmente o investimento do governo federal em publicidade. Em 2000, tais gastos aumentaram 14,83%; em 2004, 40,51%. Mesmo sem permitir conclusões precisas, esses números mostram a importância da publicidade federal no jogo político municipal.

Note-se que, apesar das altas cifras (em valores absolutos) indicadas na tabela, os investimentos do governo federal em publicidade correspondem a pouco mais de 5% do bolo publicitário total no Brasil. Nesse aspecto, não há números precisos sobre os gastos dos governos estaduais e municipais; contudo, por mais que eles aumentem a participação da publicidade proveniente do poder público no bolo total, os gastos da iniciativa privada são ainda muito maiores.

Tanto no âmbito federal quanto no estadual e municipal, cabe aos governos escolher as publicações a que destinam sua publicidade. Por motivos óbvios, grande parte desses recursos é gasta com os meios de comunicação que têm maior público, mas, como não há fiscalização rígida sobre essa distribuição, a publicidade oficial pode ser a principal fonte de sustento de certos periódicos, notadamente jornais e revistas de médio e pequeno portes.

Exemplos dessa utilização imprópria de recursos públicos verificaram-se pelo menos duas vezes no Paraná, de acordo com denúncia da *Folha de S. Paulo*. Em 1991, o governo do estado, no primeiro mandato de Roberto Requião, teria pagado pela publicação de reportagens em seis dos principais jornais paranaenses.[61] Já em 2002, durante o governo de Jaime Lerner, R$ 6,418 milhões teriam sido gastos com reportagens em 76 meios de comunicação, alguns deles de circulação nacional, sendo 68 jornais e seis revistas, além de duas colunas publicadas em periódicos diversos.[62] No caso, há uma peculiaridade nessa prática: embora fossem, de fato, publicidade — e, portanto, veiculada com tom laudatório — do governo paranaense, os textos apareciam em forma de reportagem, amparando-se na credibilidade das publicações e adquirindo uma suposta neutralidade para o leitor. Como frisa Rodrigues (2003), em relação ao episódio ocorrido durante o governo Lerner:

> A existência de "matérias pagas", como se diz no jargão jornalístico, é uma prática disseminada no Brasil, sobretudo em publicações de pequeno e médio portes. O país não tem uma mídia regional forte nem com independência financeira. Parte dos jornais e das revistas aceita dinheiro para divulgar como "reportagem" informação de interesse de políticos ou empresas. Não havia registro até hoje, porém, de tantas "matérias pagas" comprovadas com notas fiscais como nesse caso do Paraná. Empilhada, a documentação tem quase meio metro de altura — as 187 notas fiscais, as planilhas de inserção dos textos, os processos de faturamento e as milhares de páginas com cópias dos textos.

Assim, o governo, por meio de publicidade não explícita, subvencionou parte da imprensa estadual, contribuindo para pôr em dúvida os princípios inerentes à atividade e já discutidos em capítulos anteriores. Sendo dependentes do governo, esses meios de comunicação não dispunham de autonomia para fiscalizá-lo; e, mais importante, sua dependência em relação ao poder público

---

[61] Ver Tortato, 2004.
[62] Ver Rodrigues, 2003.

não era clara para os leitores. A compra de matérias não é proibida por lei — no caso do governo Lerner havia, inclusive, notas fiscais comprovando as negociações —, mas fere, por exemplo, o código de ética da Associação Nacional dos Jornais (ANJ).

Nesse sentido, é esclarecedor o depoimento de Roney Rodrigues Pereira, então diretor do *Jornal do Estado*, um dos periódicos acusados pela *Folha de S. Paulo* de ter recebido verba do governo do estado: "Talvez identificar seja mesmo o mais correto. Convencionou-se que não seria. Os outros jornais também não identificavam. Sempre foi assim, inclusive nos governos passados".[63] O diretor do jornal manifesta uma suposta dúvida sobre o comportamento adotado, mas se apressa em justificá-lo com base em dois argumentos: os outros jornais adotavam o mesmo padrão de comportamento, e esse padrão era a base tradicional da relação entre os meios de comunicação e os governos anteriores no Paraná. Se tradicionalmente todos tinham o mesmo comportamento, este se tornava válido, na ótica do então diretor do *Jornal do Estado*.

Os gastos com publicidade oficial servem, em alguns casos, para subordinar os meios de comunicação, notadamente os de menor porte, a governos de esferas diversas, na medida em que a supressão desses pagamentos poderia representar a sua falência. Em regra, porém, os gastos com publicidade feitos por governos de distintas esferas, ainda que possam ajudar determinados meios de comunicação, são insuficientes para minimizar, de modo geral, a crise por que passa o setor no início do atual milênio. Não só tais gastos não bastam para reduzir substancialmente as dívidas dos maiores meios de comunicação, como também não se pode afirmar que todos eles aceitariam receber ajuda do poder público por meio desse mecanismo. A busca de soluções para a crise, portanto, passa por alternativas outras — vindas, quem sabe, de outros países.

Capital externo

Desde a promulgação da Constituição Federal de 1934, era vedada a participação de estrangeiros no controle acionário de empresas jornalísticas e de radiodifusão, princípio garantido em todos os documentos legais que regularam as comunicações até o início do atual milênio. De acordo com Castro (2002), essa era uma regra bem aceita pelos diferentes setores ligados às comunicações: as

---

[63] Ver *Folha de S. Paulo*, 15 fev. 2003.

empresas a defendiam para barrar uma possível concorrência estrangeira, e segmentos da sociedade a consideravam importante para a garantia da soberania nacional — relação que fora reforçada, como já visto, durante o regime militar.

Não obstante o temor da concorrência, as empresas brasileiras — notadamente editoras de publicações segmentadas e, em menor número, promissoras empresas de médio e grande portes — aproveitaram-se de brechas legais para contar com o auxílio de capital estrangeiro. Na década de 1960, essa tendência acentuou-se, gerando um debate sobre as vantagens e desvantagens do aporte desse tipo de capital no setor. O avanço desses investimentos era visto, na prática, como responsável pela propagação de uma cultura que não a brasileira e pela adoção de diretrizes políticas estrangeiras. Dada a força econômica, a presença das empresas estrangeiras em território nacional chegou a ser apontada como obstáculo ao desenvolvimento da imprensa nacional e como causa, a médio prazo, da falência das empresas de comunicação nacionais. A preocupação com a publicação de periódicos estrangeiros no Brasil e com a associação entre empresas jornalísticas internacionais e brasileiras na década de 1960 é assim resumida por Rabelo (1966:29):

> O assunto é, pois, da maior gravidade. Merece a atenção de todos, pois que se trata de perigoso processo de conquista contra o qual governo e opinião pública devem permanecer alertas. Em função disso — e para evitar que se travasse entre forças nacionais e estrangeiras uma verdadeira batalha pela conquista da opinião pública — é que o legislador preservou, através da Carta Magna, a brasileiros natos o direito de propriedade, direção e administração da empresa jornalística.

As brechas legais para o aporte de investimentos estrangeiros nas empresas de comunicação nacionais foram reduzidas ainda na década de 1960, com a promulgação de legislação clara nesse sentido. Mais que isso, o regime militar fez pressão para afastar dos investidores estrangeiros que então começavam a se estabelecer no país. Promulgada a Constituição Federal de 1988, continuava o setor submetido a essa mesma restrição, justificada com base no caráter estratégico dos meios de comunicação para a soberania nacional.

O monopólio do capital nacional — estatal ou privado — nas comunicações começou a ser erodido quando da privatização das companhias telefônicas, já no governo de Fernando Henrique Cardoso. À época, optou-se por uma privatização completa, em que o Estado venderia toda a sua participação nessas empresas, cabendo à iniciativa privada, nacional e internacional, o controle total das mesmas. A permissão de capital estrangeiro nas comunicações referia-se, nesse primeiro momento, apenas ao setor de telefonia, ficando preservada a mídia.

À entrada, nas comunicações, de novos atores privados dispostos a investir e portanto alterando a relação de forças no setor, somava-se a crise enfrentada pelas empresas jornalísticas e de radiodifusão, que vinham também aumentando seus investimentos em novos mercados e tecnologias. Observavam-se, então, cenários distintos nas comunicações: por um lado, o Estado deixava a telefonia, então carente de investimentos, criava manancial legal inteiramente novo e condizente com a atualidade do ponto de vista técnico, institucionalizava o modelo mediante a criação de uma agência reguladora distante, em tese, das idiossincrasias políticas, e oferecia aos interessados o grande — ainda que separado em fatias — mercado brasileiro, abrindo assim espaço à iniciativa privada nacional e internacional. Por outro lado, as empresas de mídia continuavam na mesma situação: baseadas no capital nacional, reguladas por legislação anacrônica e imersas em dívidas crescentes. Em parte, por mais que ofereçam serviços distintos, as empresas telefônicas e de mídia são também concorrentes, principalmente nos mercados que envolvem tecnologias recentes e, portanto, demandam crescentes investimentos, como foi o caso, por exemplo, da internet no fim da década de 1990.

A solução encontrada pelos empresários de mídia foi a defesa da abertura do setor ao capital estrangeiro, idéia já em debate no início da década de 1990 e que ganhou força depois da privatização das empresas telefônicas. A falência da Rede Manchete em 1999 parecia ser um triste indício do destino das emissoras nacionais em face das exigências de investimento na atualidade. De acordo com Cabral (2003), dois anos antes dessa falência começara a tramitar no Congresso Nacional uma proposta de emenda constitucional ao art. 222, possibilitando investimentos internacionais nas empresas de mídia. Em 2001, de acordo com a autora, líderes dos partidos políticos reuniram-se com empresários das Organizações Globo, do *Estado de S. Paulo* e da *Folha de S. Paulo*, que representavam também outros meios de comunicação. Defendiam eles a rápida alteração da Constituição Federal, sendo apoiados oficialmente pela Associação Nacional dos Jornais (ANJ), a Associação Brasileira de Emissoras de Rádio e Televisão (Abert) e a Associação Nacional de Editores de Revistas (Aner). Em dezembro de 2002, pouco mais de um ano após a reunião entre empresários e políticos, entrou em vigor a Emenda Constitucional nº 36, permitindo que estrangeiros detivessem até 30% do capital votante e do capital total das empresas jornalísticas e de radiodifusão.

A abertura do mercado de mídia ao capital estrangeiro apresentou maiores resultados pela primeira vez em junho de 2004, quase um ano e meio depois da aprovação da emenda constitucional. Naquele mês, a Globopar, *holding* controladora da empresa de TV por assinatura Net Serviços, anunciou parceria com a Telmex, empresa telefônica do México, que adquiriu 25,64% do capital total da empresa. Graças à parceria, a Globopar obteve lucro no primeiro trimestre de 2005, decorrente principalmente dos ganhos com a venda de ações da Net Serviços. Menos de 15 dias depois do anúncio da parceria entre a Net Serviços e a Telmex, o Grupo Abril anunciou a venda de 13,8% de seu capital ao fundo de investimentos norte-americano Capital Inc.

Se a emenda constitucional e a legislação complementar limitam, em tese, um valor máximo de investimentos estrangeiros nas empresas de mídia, na prática faltam barreiras que garantam uma influência reduzida por parte desses investidores. Preocupa não só a questão acionária dessas empresas, como também o grau de interferência na gestão — notadamente na produção de conteúdo — de que disporão os empresários estrangeiros. O limite de 30% para esses investimentos é também questionável: não se sabe se ele será suficiente para sanear as finanças das empresas, reduzir a crise do setor e criar condições para novos investimentos, ou mesmo se os empresários estrangeiros se interessarão, em grande número, por um mercado em que podem operar de forma tão restrita.

Além disso, a abertura do mercado de mídia ao capital estrangeiro derrubou uma premissa histórica, marco da regulação do setor no Brasil, em troca de uma possível solução para uma questão conjuntural, sem que se procedesse a uma completa revisão do modelo adotado. Renunciava, assim, o Estado à noção de que uma mídia com alicerces brasileiros é essencial para a difusão de valores e de informação, estando o setor ligado intrinsecamente à soberania nacional. Renunciava igualmente o empresariado à idéia de que suas empresas são estratégicas para a soberania nacional, devendo, portanto, constituir-se exclusivamente de capital nacional.

Como o primeiro aporte de um grande investidor estrangeiro na mídia brasileira demorou cerca de um ano e meio para ser consolidado, o empresariado nacional passou a buscar alternativas outras para a solução dos problemas financeiros que assolavam o setor. Em 2003, surgiu uma proposta.

Linhas de crédito e empréstimos

Como já foi visto anteriormente, a história da imprensa brasileira é marcada por uma relação próxima com o Estado, na qual este usa os mecanismos de que dispõe para eventualmente ampliar sua influência sobre os meios de comunicação. Assim, empréstimos a juros reduzidos e favores outros, viabilizados por bancos estatais, como lembra Wainer (1987), foram decisivos para a consolidação de determinadas empresas do setor e permaneceram ocultos, salvo nos casos em que foram alvo de denúncia. Embora fossem utilizadas por instituições governamentais, tratava-se de práticas oficiosas, na medida em que não eram reveladas à sociedade, nem discutidas em instâncias públicas, nem faziam parte, enfim, de nenhuma política clara por parte do Estado, privilegiando empresas e interesses específicos em detrimento de outros.

Em 2003, as principais empresas do setor de mídia, por meio de suas entidades representativas, solicitaram ao Banco Nacional de Desenvolvimento Econômico e Social (BNDES) um programa de novas linhas de crédito e empréstimos em condições especiais, a fim de minimizar os problemas por que passava o setor. Tratava-se de situação inédita: pela primeira vez as empresas de mídia recorriam coletivamente a uma instituição pública para pedir emprestada uma quantia até então nunca vista — queriam R$ 1,2 bilhão para a compra de papel jornal e linhas de crédito de R$ 5 bilhões para o refinanciamento de dívidas.[64]

O BNDES não concedeu financiamentos ao setor de mídia até 1990, ano em que começou a conceder crédito apenas para a compra de equipamentos fabricados no Brasil, sendo esse setor dependente basicamente de maquinário produzido no exterior. Em 1997, suspenderam-se os limites para empréstimos ao setor de mídia, agora encarado como qualquer outro cliente do banco. Ainda assim, de janeiro de 1998 a setembro de 2003, o BNDES emprestou ao setor R$ 111,6 milhões, quantia muito inferior àquelas oferecidas, por exemplo, a setores como eletricidade, gás e água (US$ 14,1 bilhões), indústrias de equipamentos de transporte (US$ 7,7 bilhões), agropecuária (US$ 6,9 bilhões) e metalurgia (US$ 4 bilhões).[65]

De acordo com Carlos Lessa, então presidente do BNDES, após receber a solicitação de empréstimo por parte das empresas, o banco seguiu a determinação do Poder Executivo. Devido ao papel especial desempenhado pelo setor de

---

[64] Ver Pacheco, 2004.
[65] Ver Lobato, 2004.

mídia no cenário democrático, o presidente da República reservou para si a decisão quanto ao empréstimo e solicitou ao presidente do BNDES que estimulasse o debate público a esse respeito. Foi com esse espírito que Carlos Lessa declarou, em audiência pública na Comissão de Educação do Senado Federal,[66] que um eventual empréstimo às empresas de mídia passava, em sua opinião, por três pontos específicos: o financiamento da modernização do setor, a adequação das linhas de crédito dos bancos privados e a necessidade de obtenção de garantias corporativas. Ao listar esses três pontos, Lessa deixava claro que o BNDES não estaria disposto a conceder um eventual empréstimo apenas para o pagamento de dívidas, bem como tomaria as medidas necessárias para evitar que as empresas do setor deixassem de pagar os empréstimos contraídos.

A disposição do governo para debater publicamente o assunto retardou a tomada de decisões. Em abril de 2004, o BNDES ainda não tinha um modelo definido para os empréstimos, mas acenava com cerca de R$ 4 bilhões, divididos em linhas de crédito com finalidades distintas, entre as quais o equacionamento das dívidas, a compra de papel-jornal e novos investimentos. Ainda que fossem muito superiores às verbas já oferecidas ao setor de mídia pelo BNDES em toda a sua história, tais recursos estavam aquém do pretendido pelas empresas do setor e muito abaixo dos R$ 10 bilhões de dívidas, segundo estimativas já mencionadas.

As associações representativas das empresas de radiodifusão e imprensa anunciaram em carta conjunta, apresentada em julho de 2004, sua recusa à proposta de empréstimo do BNDES. Segundo a carta, as condições oferecidas pelo banco estavam muito aquém do pretendido, e as empresas já estariam estudando outras formas de saldar suas dívidas.

Embora o programa do BNDES para as empresas de mídia não se tenha concretizado, apenas a disposição das empresas do setor para recorrer às hostes públicas num momento de crise já possibilita alguns questionamentos. Como frisa Pieranti (2004):

> Mesmo sendo clientes fiéis dos bancos oficiais, nunca tantas empresas do setor fizeram, juntas, um pedido de empréstimo tão grande. Até que ponto um empréstimo dessa monta, concedido por um banco federal, não compromete a independência da imprensa? E até que ponto a recusa na concessão do empréstimo não

---

[66] Ver Senado Federal, 2004.

representaria uma crise ainda maior do setor, caracterizada por falências em massa e mais demissões? As discussões nos poucos meios de comunicação sobre o pedido de empréstimo — notadamente os que não o solicitaram — giraram em torno do enfrentamento de um dilema: ou se comprometia a isenção e, conseqüentemente, a liberdade de imprensa, ou se comprometia a existência da imprensa.

Assim, tornava-se evidente que as empresas de mídia, diante da crise que se estabelecia, admitiam tornar-se momentânea e, agora, oficialmente dependentes dos recursos do Estado para minimizar seus próprios problemas. O ineditismo da situação, seja pela forma oficial como foi proposto o empréstimo, seja pelos valores envolvidos, sugere que, numa situação ainda mais grave, as empresas não hesitariam em tentar solução semelhante. Se em 2002 derrubou-se a premissa — arraigada na história brasileira — de que o setor de mídia estava ligado à soberania nacional, em 2003 derrubava-se outra. Renunciava, então, o empresariado a uma necessária distância em relação ao Estado, defendida pelo relatório da Unesco como fundamental para o exercício, pela imprensa, da fiscalização dos atores públicos.

Capítulo 5

Considerações finais

As políticas públicas para as comunicações podem ser analisadas em duas dimensões, conforme exposto inicialmente no relatório da Unesco (1983) e defendido neste livro. Essas duas dimensões, porém, não são dissociáveis, e sim complementares e igualmente essenciais.

A primeira dimensão é a tecnológica e infra-estrutural, indispensável ao processo técnico de transmissão da informação. Não havendo canais para a difusão de dados, a comunicação é impossível ou, no mínimo, falha.

No período aqui estudado, o Estado brasileiro responsabilizou-se pela política de desenvolvimento de infra-estrutura até o fim do regime militar. Nas décadas de 1960 e 1970, montou empresas estatais para capitanear os investimentos na área e modificou o aparato tecnológico para a transmissão de dados. Nessa época foram criadas a Embratel, a Telebrás e a Radiobrás, bem como se fortaleceu a comunicação via satélite, ampliaram-se as linhas de transmissão de dados, investiu-se na viabilização da TV em cores e aumentou-se a capilaridade da radiodifusão e da telefonia nacionais — dois dos vetores da integração dos pontos mais remotos do país, a qual era indispensável para criar a imagem almejada pelos militares. Às empresas privadas coube a modernização de seu próprio aparato tecnológico, em consonância com os investimentos em infra-estrutura feitos pelo Estado. As empresas que não se adequaram aos empreendimentos proporcionados pelo regime entraram em declínio e, por último, faliram — se bem que aí pesaram também as pressões políticas. Notadamente no âmbito da televisão, essas mudanças se tornam mais claras: findo o regime militar, era bem diferente a ocupação do espectro de freqüências no Brasil — em parte por causa da inadequação das empresas, por vezes estruturadas de forma arcaica, em parte por causa das pressões do regime. No mais das vezes, aconteciam as duas coisas, como, por exemplo, no caso da Rede Tupi. Incapaz de se adequar às mudanças e imersa em dívidas, essa rede, outrora todo-poderosa, teve suas concessões cassadas. Não é exagero dizer que o regime militar procedeu, no que se refere à infra-estrutura, a uma revolução nas comunicações.

Aos poucos o Estado brasileiro, já sob os auspícios democráticos, diminuiu os investimentos em infra-estrutura e a ênfase nas políticas voltadas para as necessidades técnicas das comunicações. A princípio os gastos feitos ainda durante o regime militar foram suficientes para atender às demandas, mas na década de 1990 era flagrante a defasagem da infra-estrutura, principalmente no tocante à telefonia. Esse setor passou por profundas mudanças no governo de Fernando Henrique Cardoso, que dividiu as empresas telefônicas estatais por regiões, privatizou-as e criou uma agência reguladora. Afastou-se, assim, o Estado dos investimentos em telefonia, delegando-os à iniciativa privada, sem no entanto ampliar, em contrapartida, os gastos em infra-estrutura para impressos e radiodifusão.

A outra dimensão das políticas públicas para as comunicações, de acordo com o relatório da Unesco, remete ao conteúdo informacional difundido pelos meios de comunicação. Trata-se, portanto, de política que não depende fundamentalmente da disponibilidade de recursos financeiros, e sim de diretrizes e premissas claras quanto à regulação da liberdade de expressão.

A existência de meios de comunicação de massa dissociados da lógica estatal é considerada por vários autores como um dos pilares das instituições democráticas. Herman e Chomsky (2003), por exemplo, vêem a independência em relação ao Estado como pré-requisito para o pleno exercício das funções da imprensa nas sociedades contemporâneas, embora não acreditem que isso se verifique na prática. Tais funções incluiriam, para Wheeler (1997), a fiscalização dos atores públicos e, segundo Kunczik (2002), no caso dos países subdesenvolvidos, a viabilização de um canal de expressão das demandas e pressões da sociedade civil. O fato de não haver essa independência, garantida formalmente e reafirmada na prática, como defendem White (1985) e Wolfsfeld (1997), resulta na submissão dos meios de comunicação de massa aos grupos políticos que comandam a máquina estatal.

Durante o regime militar, as políticas públicas para as comunicações caracterizaram-se pelo controle da informação ou pela restrição à sua livre difusão. Para tanto, vários foram os meios empregados: coerção, violência física, censura prévia, pressões políticas e econômicas, apreensão de publicações, tudo isso servia à divulgação somente de notícias simpáticas ao regime, preservando-o das críticas que porventura existissem.

Depois do ocaso do regime militar e, principalmente, da promulgação da Constituição Federal de 1988, foram suprimidos dos marcos legais os mecanismos que possibilitavam ao Estado cercear a difusão de informações e agir contra a liberdade de expressão, agora consagrada sem restrições no novo texto constitucional. Essa ênfase no conceito de liberdade de expressão, sem precedente na história nacional, decerto favorece a consolidação das instituições democráticas, tal como entendidas por Robert Dahl (2001), mas, no Brasil, carece de uma delimitação prática.

Atualmente a liberdade de expressão encontra-se praticamente desregulamentada, sem que o Estado consiga regular o conteúdo a ser difundido. Este depende basicamente do bom-senso dos responsáveis por sua divulgação, de modo que, na prática, como bem lembrou Arbex Júnior (2001), confunde-se liberdade de imprensa com liberdade de empresa. Quando não há barreiras à censura interna nas redações, ou quando seus profissionais não são de alguma forma resguardados por cláusulas de consciência e similares, acaba por prevalecer a liberdade de empresa, na qual os donos dos meios de comunicação e os funcionários de sua confiança tornam-se os responsáveis por escolher o que será divulgado. Como lembra o autor, o interesse público, nesse caso, nem sempre é encarado como prioritário. O Estado brasileiro termina, na prática, por eximir-se da regulação dos meios de comunicação, abandonando as políticas públicas nesse sentido e deixando a difusão de informações ao critério da iniciativa privada.

Mas não é apenas no âmbito dos investimentos — principalmente a partir da década de 1990 — que o Estado brasileiro se exime de responsabilidade no que se refere às comunicações. Ao encarar a liberdade de imprensa como valor absoluto e delegar sua regulação à iniciativa privada, ele está na verdade privilegiando a liberdade de empresa tal como definida por Arbex Júnior, pois deixa de proteger a prática jornalística em si. Ao mesmo tempo, reserva, no âmbito da radiodifusão, à iniciativa privada a definição de certos princípios — tarefa que caberia, por lei, ao próprio Estado —, como, por exemplo, o atendimento preferencial, por esses meios, a finalidades educativas e culturais, e a produção de uma programação eminentemente regionalizada, conforme disposto no art. 221 da Constituição Federal ora em vigor.

Se esses princípios, essenciais à formulação e à implementação de políticas públicas, continuam indefinidos, outros, já consagrados pela legislação ou pela tradição brasileiras, estão em processo de reformulação. Um deles é o conceito tradicional, afirmado desde as primeiras regulamentações nesse campo, de que os meios de comunicação de massa estão ligados à soberania e à segurança nacionais, devendo, portanto, pertencer ao Estado ou a empresas privadas brasileiras. Se, em tese, os meios de comunicação de massa devem ainda pertencer ao capital nacional, a abertura dessas empresas aos investimentos estrangeiros — permitida por emenda constitucional ao art. 222 aprovada em 2002 — possibilita, na prática, a orientação do conteúdo informativo de acordo com critérios internacionais.

Outro princípio que está sendo reformulado é a independência política e econômica dos meios de comunicação em relação ao Estado. É verdade que, na prática, esse princípio não foi historicamente respeitado, haja vista a proximidade dos empresários das comunicações com a cúpula do Poder Executivo, tal como destacado por diversos autores como Wainer (1987) e Sodré (1999). Por outro lado, os avanços do capital estatal sobre a mídia deram-se de forma pouco transparente ou totalmente oculta. Em 2003, pela primeira vez na história brasileira tornou-se público um pedido coletivo de empréstimo vultoso por parte de empresas jornalísticas e de radiodifusão a um banco estatal de desenvolvimento, o BNDES. Então, pôs-se em dúvida explicitamente a credibilidade da fiscalização do poder público, tarefa a ser desempenhada justamente por esses periódicos e emissoras.

Note-se que esses princípios não foram reformulados em função de um amplo debate entre os atores envolvidos ou de algum estudo a respeito das mudanças a serem empreendidas no modelo então vigente. Tal reformulação era uma forma de buscar soluções para problemas conjunturais, mesmo sendo estes o resultado de condicionantes históricas identificadas em qualquer análise da relação entre os meios de comunicação de massa e o Estado no Brasil. Essas condicionantes remetem à tradicional má administração das empresas jornalísticas e de radiodifusão nacionais.

Historicamente, no Brasil, as grandes empresas do setor foram familiares em sua origem e passaram a investir mais em quadros profissionais para os cargos de direção apenas nas últimas décadas do século passado. O enfrentamento de crises financeiras é uma constante na administração dessas empresas, sempre em consonância com a natureza da atividade que desempenham. Estando submetidas às idiossincrasias do cenário político-econômico — com o qual mantêm relação direta —, dependendo de capital nacional para investir em equipamentos estrangeiros e atuando num mercado onde é constante a necessidade de atualização técnica, essas empresas contraíram, na década de 1990, dívidas em dólar a serem pagas em curto prazo e crescentes devido à desvalorização da moeda nacional.

Essa fragilidade econômica das empresas não só abre caminho para a ação de atores oriundos do poder público, ampliando assim uma relação de dependência, como também traz prejuízos à consolidação das instituições democráticas, como observado por Dahl (2001). Ficam, pois, comprometidas a liberdade de expressão e a existência de múltiplas fontes de informação — tidas por aquele autor como essenciais à poliarquia –, aí entendidas num sentido mais amplo, levando-se em conta os múltiplos atores no comando dos distintos meios de comunicação.

A influência dos atores ligados ao poder público nas comunicações se torna possível não apenas por causa da fragilidade das empresas do setor, mas também pelo comportamento adotado por diferentes governos em relação principalmente à radiodifusão. Dada a constância dessa influência no período aqui analisado, pode-se considerá-la uma prática tradicional do Estado brasileiro. Seria, enfim, uma política de Estado típica no Brasil.

Estabelecida, ainda durante o regime militar, a diretriz de expandir os meios de comunicação eletrônicos visando à integração de todo o território nacional, o Estado optou por conceder outorgas de emissoras aos representantes da iniciativa privada que tivessem capacidade de operá-las. Para isso era preciso associar-se ao empresariado, por vezes incipiente. Uma vez presenteadas com concessões as oligarquias locais, em breve os novos meios de comunicação mostraram-se interessantes, por questões óbvias, aos que tinham pretensões eleitorais. Se a aliança tácita entre o governo federal e as oligarquias locais se deu com base na opção por expandir a radiodifusão privada no Brasil, os efeitos dessa parceria ultrapassariam a ampliação da malha de emissoras e a própria duração do regime militar. A Nova República nasceria sob a égide de elites locais agora fortalecidas com meios de comunicação de massa fartamente colocados ao seu dispor.

Durante o governo Sarney, a importância das emissoras para as oligarquias regionais e seus expoentes máximos no plano federal ficaria mais evidente. Segundo Motter (1994) e Gomes (2001), a disponibilidade de freqüências no espectro eletromagnético possibilitou a distribuição maciça, com fins políticos, de emissoras de radiodifusão em momentos decisivos da vigência da Assembléia Nacional Constituinte. A radiodifusão revelou-se publicamente, conforme denúncias então veiculadas nos meios de comunicação, um instrumento de pressão do Executivo sobre o Legislativo. Mostravam-se, assim, tais emissoras uma peça importante para a compreensão da lógica eleitoral e de poder nos municípios brasileiros, principalmente nos pequenos e médios centros do interior do país.

Apesar das mudanças na legislação brasileira com a promulgação da nova Constituição Federal em 1988 — principalmente no que diz respeito à necessária fiscalização das concessões de emissoras pelo Poder Legislativo —, a radiodifusão continuou a ser usada como importante mecanismo de pressão pelo Poder Executivo em sua relação com o Congresso Nacional. Na década de 1990, saíram de cena temporariamente as emissoras, substituídas como moeda de troca política pelas retransmissoras de televisão, fartamente distribuídas no primeiro governo de Fernando Henrique Cardoso, como mostram Costa e Brener (1997).

Emissoras e retransmissoras: opções para o uso político da radiodifusão é que não faltam, variando conforme aspectos conjunturais. Essa prática é pouco passível de fiscalização, já que são diretamente interessados nessa questão os únicos atores constituídos, por lei, para esse fim: os membros do Poder Legislativo. Um maior controle sobre esse processo passaria pela abertura de novos canais de fiscalização, operados por atores sem interesse pessoal na questão, como, por exemplo, setores da sociedade civil. Justificar-se-ia um novo modelo pela natureza da atividade em foco, necessariamente orientada, pelo menos do ponto de vista legal, para o atendimento do interesse público por meio da difusão de programação de caráter educativo e cultural.

Causam, pois, estranheza os indícios de que, na década de 1990, chegou-se a cogitar a simples mudança de paradigma nas comunicações, privilegiando-se o aspecto técnico em detrimento de seu caráter político. A criação da Anatel, em tese uma agência de perfil puramente técnico, e a suposição de que, não fosse a morte prematura do então ministro Sérgio Motta, o Ministério das Comunicações se transformaria num órgão técnico incorporado a um Ministério da Infra-Estrutura corroboram ainda mais a tese de que o governo Fernando Henrique Cardoso teria pensado nas comunicações apenas em sua dimensão tecnológica, esquecendo-se de sua relação com o conteúdo informativo. Num ambiente marcado pelo caráter político, pretendeu-se instituir, por legislação, um novo modelo puramente técnico. Inconclusa essa proposta, convivem atualmente mecanismos do modelo político, centrado no Ministério das Comunicações, e do modelo técnico, cujo epicentro deveria ser a Anatel, embora não seja possível separá-los totalmente.

São inegáveis, ainda, os atrativos do posto de ministro das Comunicações, sempre tão almejado nas reformas ministeriais. Por mais que se tenha tentado imprimir ao setor uma feição puramente técnica, ficam bem claras, nesses momentos, a importância do cargo para os políticos e, portanto, a margem de operação política ainda existente no setor. A noção de que um tecnicismo puro acabaria com os problemas no âmbito das comunicações é igualmente falaciosa: critérios meramente técnicos — englobando aí os aspectos financeiros — poderiam privilegiar apenas, como visto no capítulo anterior, os grandes grupos econômicos, excluindo ainda mais segmentos da sociedade civil dos meios de comunicação de massa.

Uma vez apontados os problemas por que passa o setor, cabe examinar a possibilidade de avanços e refletir sobre os obstáculos à sua consecução. O primeiro deles é a própria composição do Congresso Nacional. O grande número de parlamentares ligados aos meios de comunicação de massa como empresários dificulta mudanças visando ampliar a participação da sociedade civil e do Estado nas comunicações, bem como no sentido de tornar a mídia mais democrática e mais bem regulamentada. Não parece haver nem interesse nem pressões nesse sentido, o que fica evidenciado pela lentidão com que é tratada a regulação, por exemplo, da Constituição Federal no que tange a esse tema.

Isso remete a outro entrave às mudanças, ou seja, a arcaica legislação brasileira referente a esse setor — o que se explica, em parte, pela falta de empenho dos parlamentares para aprovar novos marcos legais para as comunicações. Basta citar, nesse sentido, o Código Brasileiro de Telecomunicações, ainda o principal marco regulador da radiodifusão brasileira, mesmo tendo sido promulgado no longínquo ano de 1962. Cinco anos mais tarde, as punições nele previstas seriam somadas a outras constantes do Decreto-Lei nº 236 — mais afinado com a orientação político-ideológica do regime militar —, as quais, por sua vez, com a promulgação da Constituição Federal de 1988, se tornariam inaplicáveis. Com a privatização das empresas telefônicas, revogaram-se os artigos do código referentes a esse tema e criou-se nova legislação, a Lei Geral das Telecomunicações. Hoje o Código Brasileiro de Telecomunicações continua em vigor — ou melhor, menos da metade dele, o que demonstra sua reduzida competência para regular as questões mais recentes relativas às comunicações.

O mesmo vale para a Lei de Imprensa, promulgada em 1967 e igualmente sujeita a mudanças com o passar dos anos.

Assim, o atual modelo brasileiro caracteriza-se pela dubiedade e pela natureza contraditória de seus valores e parâmetros — menos em decorrência de um amplo debate que o tivesse conduzido nessa direção e mais por tentar açambarcar interesses pessoais e setoriais diversos em detrimento do interesse público. Sendo ao mesmo tempo técnico e político, afasta o Estado de seu papel regulador no que se refere ao conteúdo, não oferece espaço à sociedade civil e baseia-se sobremaneira na crença de que a iniciativa privada deve ser capaz de se auto-regular. No caso do Estado, há um complicador adicional: diminui-se o espaço para a formulação e implementação de políticas públicas para o setor, principalmente no que se refere ao conteúdo informativo propriamente dito. Quanto aos investimentos em infra-estrutura, também eles se reduzem com o corte nos gastos, sendo estes repassados à iniciativa privada.

Bibliografia

ABREU, Alzira Alves de. *A modernização da imprensa (1970-2000)*. Rio de Janeiro: Jorge Zahar, 2002.

_____ et al. (Coords.). *Dicionário histórico-biográfico brasileiro pós-1930*. Rio de Janeiro: Cpdoc/FGV, 2001.

ALBERTI, Verena. *História oral:* a experiência do CPDOC. Rio de Janeiro: Cpdoc/FGV, 1989.

AMARAL, Roberto. A (des)ordem constitucional-administrativa e a disciplina da radiodifusão: análise e (alguma) prospectiva. *Comunicação & Política*, Rio de Janeiro, v. 1, n. 1, p.125-146, 1994.

AMORIM, José Salomão David. Comunicação e transição no Brasil: propostas de mudanças de políticas de comunicação e sua viabilidade. *Textos de Cultura e Comunicação*, Brasília, DF, n. 12, 1986.

ARBEX JÚNIOR, José. *Showrnalismo:* a notícia como espetáculo. São Paulo: Casa Amarela, 2001.

ARGOLO, José; RIBEIRO, Kátia; FORTUNATO, Luiz Alberto. *A direita explosiva no Brasil*. Rio de Janeiro: Mauad, 1996.

BIAL, Pedro. *Roberto Marinho*. Rio de Janeiro: Jorge Zahar, 2004.

BITELLI, Marcos Alberto Sant'anna (Org.). *Coletânea de legislação de comunicação social*. São Paulo: Revista dos Tribunais, 2001.

BRACELPA. *Papel imprensa*. Disponível em: <www.bracelpa.org.br/bracelpa-br/Estatisticas/papel/papel_imprensa.htm>. Acesso em: 1 jul. 2005.

BRASIL. Ato Institucional nº 1, de 9 de abril de 1964. Outorgado à nação pelos comandantes-em-chefe do Exército, da Marinha e da Aeronáutica, representando o comando supremo da Revolução, que modifica a Constituição de 1946, na parte relativa aos poderes do presidente da República. *Diário Oficial da República Federativa do Brasil*, Brasília, DF, 9 abr. 1964. Disponível em: <wwwt.senado.gov.br/netacgi/nphbrs.exe?sect2=NJURNEWL&s2=AIT%5BTNOR%5D&s3=%22000001%22&s4=&s5=&s1=&l=20&u=%2Flegbras%2F&p=1&r=1&f=s&d=NJUR>. Acesso em: 20 maio 2004.

_____. Ato Institucional nº 5, de 13 de dezembro de 1968. São mantidas a Constituição de 24-1-1967 e as constituições estaduais, com as modificações constantes deste ato. O presidente da República poderá decretar o recesso do Congresso Nacional, das assembléias legislativas e das câmaras de vereadores, por ato complementar em estado de sítio ou fora dele, só voltando o mesmo a funcionar quando convocados pelo presidente da República. O presidente da República, no interesse nacional, poderá decretar a intervenção nos estados e municípios, sem as limitações previstas na Constituição. Poderá suspender os direitos políticos de quaisquer cidadãos pelo prazo de 10 anos e cassar mandatos eletivos federais, estaduais e municipais. Ficam suspensas as garantias constitucionais ou legais de vitalidade, inamovibilidade e estabilidade, bem como a de exercício em funções por prazo certo. O presidente da República, em qualquer dos casos previstos na Constituição, poderá decretar o estado de sítio ou prorrogá-lo, fixando o respectivo prazo. Poderá, após investigação, decretar o confisco de bens de todos quantos tenham enriquecido ilicitamente, no exercício de cargo ou função. Fica suspensa a garantia de *habeas corpus*, nos casos de crimes políticos contra a Segurança Nacional, a ordem econômica e social e a economia popular. *Diário Oficial da República Federativa do Brasil*, Brasília, DF, 13 dez. 1968. Disponível em: <www.senado.gov.br/netacgi/nph-brs.exe?sect2=NJURNEWL&s2=AIT%5BTNOR%5D&s3=%22000005%22&s4=1968&s5=&s1=&l=20&u=%2Flegbras%2F&p=1&r=1&f=s&d=NJUR>. Acesso em: 15 maio 2004.

_____. Decreto nº 52.795, de 31 de outubro de 1963. Aprova o regulamento dos serviços de radiodifusão. *Diário Oficial da República Federativa do Brasil*, Brasília, DF, 12 nov. 1963. Disponível em: <www.senado.gov.br>. Acesso em: 10 ago. 2005.

_____. Decreto-Lei nº 236, de 28 de fevereiro de 1967. Complementa e modifica a Lei nº 4.117, de 27 de agosto de 1962. *Diário Oficial da República Federativa do Brasil*, Brasília, DF, 28 fev. 1969. Disponível em <www.senado.gov.br>. Acesso em: 10 ago. 2005.

_____. Decreto-Lei nº 898, de 29 de setembro de 1969. Define os crimes contra a Segurança Nacional, a ordem política e social, estabelece seu processo e julgamento e dá outras providências. *Diário Oficial da República Federativa do Brasil*, Brasília, DF, 29. set. 1969. Disponível em: <wwwt.senado.gov.br/netacgi/nph-brs.exe?sect2= NJURNEWL&s2=DEL%5BTN OR%5D&s3=%22000898%22&s4=1969&s5=&s1=&l=20&u=%2Flegbras%2F&p=1&r=1&f=s&d=NJUR>. Acesso em: 4 jun. 2004.

_____. Lei nº 4.117, de 27 de agosto de 1962. Institui o Código Brasileiro de Telecomunicações. *Diário Oficial da República Federativa do Brasil*, Brasília, DF, 5 out. 1962. Disponível em: <wwwt.senado.gov.br/servlets/NJUR.Filtro?tipo =LEI&secao=NJUILEGBRAS&numLei =004117&data=19620827&pathServer=www1/netacgi/nph-brs.exe&seq=000>. Acesso em: 6 jun. 2004.

CABRAL, Eula Dantas Taveira. Capital estrangeiro na mídia brasileira: salvação ou desgraça? In: Congresso Brasileiro de Ciências da Comunicação, 26., 2003, Belo Horizonte. *Anais...* Disponível em: <www.intercom.org.br/papers/congresso2003/pdf 2003_NP10_cabral.pdf>. Acesso em: 5 ago. 2004.

CAMPANHOLE, Adriano; CAMPANHOLE, Hilton Lobo. *Constituições do Brasil*. São Paulo: Atlas, 1989.

CASTRO, João Caldeira Brant Monteiro de. *Políticas nacionais de radiodifusão (1985-2001) e espaço público*. 2002. (Monografia — Escola de Comunicações e Artes, USP). ms.

CONGRESSO NACIONAL. *Concentração da mídia: debates no Conselho de Comunicação Social*, 2004. Disponível em: <www2.senado.gov.br/comissoes/ ccs/docs.asp>. Acesso em: 23 jun. 2004.

COSTA, Sylvio; BRENER, Jayme. Coronelismo eletrônico: o governo Fernando Henrique e o novo capítulo de uma velha história. *Comunicação & Política*, Rio de Janeiro, v. 4, n. 2, p. 29-53, 1997.

COUTO E SILVA, Golbery do. *Planejamento estratégico*. Brasília, DF: Universidade de Brasília, 1981.

CURADO, Isabela. Pesquisa historiográfica em administração: uma proposta mercadológica. In: ENCONTRO NACIONAL DA ASSOCIAÇÃO NACIONAL DOS PROGRAMAS DE PÓS-GRADUAÇÃO EM ADMINISTRAÇÃO, 25., 2001, Campinas. *Anais...* Campinas, SP: Anpad, 2001.

DAHL, Robert. *La democracia y sus críticos*. México: Paidós, 1991.

_____. *Sobre a democracia*. Brasília, DF: UnB, 2001.

DINES, Alberto. *O papel do jornal*. São Paulo: Summus, 1986.

EPCOM. Quem são os donos da mídia. *Carta Capital*, São Paulo, v. 8, n. 179, 6 mar. 2002.

FOX, Elizabeth; WAISBORD, Silvio. Latin politics, global media. In: FOX, Elizabeth; WAISBORD, Silvio (Orgs.). *Latin politics, global media*. Austin: University of Texas Press, 2002.

GASPARI, Elio. *A ditadura derrotada*. São Paulo: Companhia das Letras, 2003.

_____. *A ditadura encurralada*. São Paulo: Companhia das Letras, 2004.

GODOI, Guilherme Canela de Souza. Históricos e perspectivas: uma análise da legislação e dos projetos de lei sobre radiodifusão no Brasil. *Cadernos do Ceam:* as Relações entre Mídia e Política, Brasília, v. 2, n. 6, 2001.

GOMES, João Carlos Teixeira. *Memória das trevas*. São Paulo: Geração, 2001.

HERMAN, Edward S.; CHOMSKY, Noam. *A manipulação do público:* política e poder econômico no uso da mídia. São Paulo: Futura, 2003.

HERZ, Daniel. *A história secreta da Rede Globo*. Porto Alegre: Tchê!, 1988.

KOVACH, Bill; ROSENSTIEL, Tom. *Os elementos do jornalismo:* o que os jornalistas devem saber e o público exigir. São Paulo: Geração, 2003.

KUCINSKI, Bernardo. *A síndrome da antena parabólica*. São Paulo: Perseu Abramo, 1998.

KUNCZIK, Michael. *Conceitos de jornalismo:* Norte e Sul. São Paulo: Edusp, 2002.

KUSHNIR, Beatriz. *Cães de guarda*. São Paulo: Boitempo, 2004.

LATTMAN-WELTMAN, Fernando. Mídia e transição democrática: a (des)institucionalização do pan-óptico no Brasil. In: ABREU, Alzira Alves de; KORNIS, Mônica Almeida; LATTMAN-WELTMAN, Fernando (Orgs.). *Mídia e política no Brasil*. Rio de Janeiro: FGV, 2003.

LEAL, Vitor Nunes. *Coronelismo, enxada e voto:* o município e o regime representativo no Brasil. 2. ed. São Paulo: Alfa-Omega, 1975.

LIMA, Venício A. Globo e política: "tudo a ver". In: BRITTOS, Valério Cruz; BOLAÑO, César Ricardo Siqueira (Orgs.). *Rede Globo:* 40 anos de hegemonia e poder. São Paulo: Paulus, 2005.

LINS, Bernardo F. E. Análise comparativa de políticas públicas de comunicação social. *Consultoria Legislativa da Câmara dos Deputados*, Brasília, DF, jan. 2002. Disponível em: <www2.camara.gov.br/publicacoes/estnottec/tema4/pdf/109752.pdf>. Acesso em: 5 jul. 2005.

LOBATO, Elvira. Mídia nacional acumula dívida de R$10 bilhões. *Folha de S. Paulo*, São Paulo, 15 fev. 2004. Disponível em: <www1.folha.uol.com.br/fsp/dinheiro/fil502200416.htm>. Acesso em: 16 fev. 2005.

LUSTOSA, Isabel. *O nascimento da imprensa brasileira*. Rio de Janeiro: Jorge Zahar, 2003.

MARCONDES FILHO, Ciro. O Estado como meio de comunicação. *Comunicação & Política*, Rio de Janeiro, v. 11, n. 17, p. 31-34, 1991.

MARTINS, Paulo Emílio Matos. *A reinvenção do sertão*: a estratégia organizacional de Canudos. Rio de Janeiro: FGV, 2001.

MATHIAS, Suzeley Kalil. *Forças Armadas e administração pública*: a participação militar nas comunicações e na educação. 1999. Tese de Doutorado — Universidade Estadual de Campinas. ms.

MATTOS, Haroldo Corrêa de. *Política das comunicações*. Rio de Janeiro: Escola Superior de Guerra, 1984. (Conferência) ms.

McCHESNEY, Robert W. *Rich media, poor democracy*: communication politics in dubious times. Chicago: University of Illinois Press, 1999.

MOTTER, Paulino. O uso político das concessões das emissoras de rádio e televisão no governo Sarney. *Comunicação & Política*, Rio de Janeiro, v. 1, n. 1, p. 89-116, 1994.

NAPOLEÃO, Hugo. *A política nacional de comunicações*. Rio de Janeiro: Escola Superior de Guerra, 1993. (Conferência) ms.

OLIVEIRA, Euclides Quandt de. *Euclides Quandt de Oliveira (depoimento, 2005)*. Rio de Janeiro: Cpdoc/Empresa Brasileira de Correios e Telégrafos (ECT), 2005.

_____. *Política nacional de comunicações*. Rio de Janeiro: Escola Superior de Guerra, 1978. (Conferência) ms.

PACHECO, Paula. Pires para a mídia. *Carta Capital*, São Paulo, 14 abr. 2004, p. 30.

PIERANTI, Octavio Penna. Políticas públicas para radiodifusão e imprensa: dos generais militares ao governo Lula. In: ENCONTRO DE ADMINISTRAÇÃO PÚBLICA E GOVERNANÇA, 1., 2004, Rio de Janeiro. Anais... Rio de Janeiro: Anpad, 2004. 1 CD-ROM.

_____. *Questão de princípio*: jornais impressos e grandes reportagens. 2003. (Monografia — Universidade Federal do Rio de Janeiro). ms.

PINHO, Diva Benevides; VASCONCELLOS, Marco Antonio Sandoval de. *Manual de economia*. 4. ed. São Paulo: Saraiva, 2003.

PRATA, José; BEIRÃO, Nirlando; TOMIOKA, Teiji. *Sérgio Motta*: o trator em ação. São Paulo: Geração, 1999.

RABELO, Genival. *O capital estrangeiro na imprensa brasileira*. Rio de Janeiro: Civilização Brasileira, 1966.

RAMOS, Murilo César. A força de um aparelho privado de hegemonia. In: BRITTOS, Valério Cruz; BOLAÑO, César Ricardo Siqueira (Orgs.). *Rede Globo*: 40 anos de hegemonia e poder. São Paulo: Paulus, 2005.

_____. Agências reguladoras: a reconciliação com a política. In: LATIN AMERICAN STUDIES ASSOCIATION, 2004. Las Vegas, Nevada. *Anais...* Las Vegas, Nevada: Lasa, 2004.

_____. Políticas nacionais de comunicação e crise dos paradigmas. *Comunicação & Política*, Rio de Janeiro, v. 11, n. 17, p. 61-70, 1991.

REPÓRTERES SEM FRONTEIRAS. *Ranking da liberdade de imprensa*. 2003. Disponível em: <www.rsf.org/article.php3?id_article=8249&var_recherche =ranking>. Acesso em: 14 fev. 2005.

RIBEIRO, Jorge Cláudio. *Sempre alerta:* condições e contradições do trabalho jornalístico. São Paulo: Brasiliense, 1994.

RODRIGUES, Fernando. Mídia do PR vende R$6,4 mi de "reportagens". *Folha de S. Paulo*, São Paulo, 2 set. 2003. Disponível em: <www1.folha.uol.com.br/fsp/brasil/fc0209200 317.htm>. Acesso em: 18 fev. 2005.

ROLDÃO, Ivete Cardoso C. O governo FHC e a política de radiodifusão. In: CONGRESSO BRASILEIRO DE CIÊNCIAS DA COMUNICAÇÃO, 22., 1999. *Anais...* Disponível em: <www.intercom. org.br/papers/1999/gt27/27r03.pdf>. Acesso em: 19 dez. 2004.

SANTOS, Suzy dos; CAPPARELLI, Sérgio. Coronelismo, radiodifusão e voto: a nova face de um velho conceito. In: BRITTOS, Valério Cruz; BOLAÑO, César Ricardo Siqueira (Orgs.). *Rede Globo:* 40 anos de hegemonia e poder. São Paulo: Paulus, 2005.

SARAVIA, Enrique. Regulación en Argentina y Brasil. Análisis comparativo de los modelos institucionales. *Reforma y Democracia*, Caracas, oct. 2004.

SEABRA, Catia. Com Eunício, Ceará expande comunicações. *Folha de S. Paulo*, São Paulo, 1º mar. 2005. Disponível em: <www1.folha.uol.com.br/ fsp/brasil/fc0103200522.htm>. Acesso em: 2 mar. 2005.

SECOM. *Investimentos em mídia — governo federal (Poder Executivo)*. 2005. Disponível em: <www.presidencia.gov.br/secom/publicidade/midia/midia_gf1.pdf>. Acesso em: 20 abr. 2005.

SENADO FEDERAL. Ata da 13ª reunião extraordinária da Comissão de Educação da 2ª sessão legislativa ordinária da 52ª legislatura, realizada em 5 de maio de 2004. Disponível em: <http://webthes.senado.gov.br/bin/gate.exe?f=tocn&p_toc=tocn&p_doc=recordn& p_d=SILN&p_op_all=E&p_SortBy1=DINV&p_Ascend1=no&p_SortBy2=SASS&p_Ascend2=no&p_lang= english&expr=ALL&p_s_ALL=%40DOCN+E+Comissoes%5bNV01%5d+E+Permanentes%5bNV 02%5d+E+CE%5bNV03%5d+E+Atas%5bNV04%5d&p_search=search&a_search=ENTRA&p_L=10>. Acesso em: 25 nov. 2004.

SMITH, Anne-Marie. *Um acordo forçado*. Rio de Janeiro: FGV, 2000.

SODRÉ, Nelson Werneck. *História da imprensa no Brasil*. São Paulo: Mauad, 1999.

TORTATO, Mari. Requião pagou por "reportagens" no Paraná. *Folha de S. Paulo*, São Paulo, 23 jan. 2004. Disponível em: <www1.folha.uol.com.br/fsp/brasil/fc2301200421.htm>. Acesso em: 20 fev. 2005.

TRAVANCAS, Isabel Siqueira. *O mundo dos jornalistas*. São Paulo: Summus, 1993.

TUMA, Nicolau. *A comunicação social e os objetivos nacionais*. 1972. (Monografia — Escola Superior de Guerra) ms.

UNESCO. *Um mundo e muitas vozes:* comunicação e informação na nossa época. Rio de Janeiro: FGV, 1983.

VEÍCULOS confirmam faturamento de textos. *Folha de S. Paulo*, São Paulo, 15 fev. 2003. Disponível em: <www1.folha.uol.com.br/fsp/brasil/fc0209200318.htm>. Acesso em: 3 mar. 2005.

VERGARA, Sylvia Constant. *Método de pesquisa em administração*. São Paulo: Atlas, 2005.

VIEIRA, Marcelo Milano Falcão. Por uma boa pesquisa (qualitativa) em administração. In: _____; ZOAUIN, Deborah Moraes (Orgs.). *Pesquisa qualitativa em administração*. Rio de Janeiro: FGV, 2004.

WAINER, Samuel. *Minha razão de viver.* Rio de Janeiro: Record, 1987.

WHEELER, Mark. *Politics and the mass media*. Oxford: Blackwell, 1997.

WHITE, Robert. Contradições nas políticas contemporâneas de comunicação democrática. *Comunicação & Política*, Rio de Janeiro, v. 3, n. 1/4, p. 110-128, 1985.

WOLFSFELD, Gadi. *Media and political conflict*. Cambridge, EUA: University of Cambridge, 1997.

Anexo 1

Alguns vetos do presidente João Goulart ao Código Brasileiro de Telecomunicações (CBT) — Lei nº 4.117/62*

Veto: Art. 33, §3º.
Texto: Os prazos de concessão e autorização serão de 10 anos para o serviço de radiodifusão sonora e de 15 anos para o de televisão, podendo ser renovados por períodos sucessivos e iguais, se os concessionários houverem cumprido todas as obrigações legais e contratuais, mantida a mesma idoneidade técnica, financeira e moral, e atendido o interesse público (art. 29, X).
Justificativa: O prazo deve obedecer ao interesse público, atendendo a razões de conveniência e de oportunidade, e não fixado *a priori* pela lei. Seria restringir em demasia a faculdade concedida ao poder público para atender a superiores razões de ordem pública e de interesse nacional o alongamento do prazo da concessão ou autorização, devendo ficar ao prudente arbítrio do poder concedente a fixação do prazo de que cogita o inciso vetado.
Votação do veto no Congresso Nacional: sim: 181 votos; não: 50; em branco: sete.
Resultado: artigo mantido e veto derrubado.

Veto: Art. 33, §4º.
Texto: Havendo a concessionária requerido, em tempo hábil, a prorrogação da respectiva concessão ter-se-á a mesma como deferida se o órgão competente não decidir dentro de 120 dias.

---

* Fonte: *Diário do Congresso Nacional* (1962) e atas das comissões e das votações.

Justificativa: Não se justifica que, competindo à União o ato de fiscalizar, de gerir, explorar ou conceder autorização, ou permissão ou concessão etc., o seu silêncio, muitas vezes provocado pela necessidade de acurado exame do assunto, constitua motivação para deferimento automático. Os problemas técnicos surgidos, as exigências necessárias à verificação do procedimento das concessionárias etc. podem, muitas vezes, ultrapassar o prazo de 120 dias, sem qualquer culpa da autoridade concedente.

Votação do veto no Congresso Nacional: sim: 187 votos; não: 49; em branco: dois.

Resultado: artigo mantido e veto derrubado.

Veto: Parágrafo único do art. 53.

Texto: Se a divulgação das notícias falsas houver resultado de erro de informação e for objeto de desmentido imediato, a nenhuma penalidade ficará sujeita a concessionária ou permissionária.

Justificativa: A veracidade da informação deve ser objeto de exame antes da divulgação da notícia, não sendo justo que alguém transmita uma informação falsa, com todos os danos que daí podem decorrer, inclusive para a segurança pública, sem sujeição a qualquer penalidade. A apreciação da boa ou má-fé da divulgação ficará a cargo da autoridade competente ou do Poder Judiciário, se for o caso.

Votação do veto no Congresso Nacional: sim: 235 votos; não: 11; em branco: sete.

Resultado: artigo mantido e veto derrubado.

Veto: Expressão "se a respectiva concessionária ou permissionária decair do direito à renovação" no *caput* do art. 75.

Texto: A perempção da concessão ou autorização será declarada pelo presidente da República, precedendo parecer do Conselho Nacional de Telecomunicações, se a respectiva concessionária ou permissionária decair do direito à renovação.

Justificativa: Tratando-se de concessão, ou permissão ou autorização, não se deve construir ou estabelecer nenhum direito da renovação que tolheria o prudente arbítrio da autoridade concedente.

Votação do veto no Congresso Nacional: sim: 243 votos; não: três; em branco: sete.

Resultado: artigo mantido e veto derrubado.

Veto: Expressão "e tarifas" do art. 105.

Texto: Na ocorrência de novas modalidades do serviço, poderá o governo, até que a lei disponha a respeito, adotar taxas e tarifas provisórias, calculadas na base das que são cobradas em serviço análogo ou fixadas para a espécie em regulamento internacional.

Justificativa: A fixação de tarifas é da competência do Poder Executivo, portanto não seria justificável que, na ocorrência de novas modalidades de serviço, fosse depender de lei especial.

Votação do veto no Congresso Nacional: sim: 243 votos; não: três; em branco: sete.

Resultado: artigo mantido e veto derrubado.

Anexo 2

Manual de comportamento recebido pelos órgãos de imprensa no Rio de Janeiro em 13 de dezembro de 1968*

1. Objetivos da censura:
a) obter da imprensa falada, escrita e televisiva o total respeito à Revolução de março de 1964, que é irreversível e visa à consolidação da democracia;
b) evitar a divulgação de notícias tendenciosas, vagas ou falsas, que possam vir a trazer intranqüilidade ao povo em geral.
2. Normas:
a) não deverão ser divulgadas notícias que possam:
   — propiciar o incitamento à luta de classes;
   — desmoralizar o governo e as instituições;
   — veicular críticas aos atos institucionais;
   — veicular críticas aos atos complementares;
   — comprometer no exterior a imagem ordeira e econômica do Brasil;
   — veicular declarações, opiniões ou citações de cassados ou seus porta-vozes;
   — tumultuar os setores comerciais, financeiro e de produção;
   — estabelecer a desarmonia entre as Forças Armadas e entre os poderes da República ou a opinião pública;
   — veicular notícias estudantis de natureza política;

---

* Fonte: Kushnir, 1999:108.

— veicular atividades subversivas, greves ou movimentos operários.

4. Prescrições diversas:[1]

a) a infração das normas do nº 3 implica a aplicação das sanções previstas em leis;

b) os espaços censurados deverão ser preenchidos de forma a não modificar a estrutura da publicação ou programa;

c) as presentes instruções entram em vigor no ato do recebimento, revogando-se as disposições em contrário.

Ass.: general-de-brigada César Montagna de Souza

---

[1] No original, segundo Kushnir (1999), não havia item 3.

Anexo 3

Manual de comportamento recebido pelos órgãos de imprensa em São Paulo em 13 de dezembro de 1968*

1) Manter o respeito à Revolução de 1964.
2) Não permitir notícias referentes a movimentos de padres e assuntos políticos referentes aos mesmos.
3) Não comentar problemas estudantis.
4) Não permitir críticas aos atos institucionais, às autoridades e às FFAA.
5) As notícias devem ser precisas, versando apenas sobre fatos consumados.
6) Não permitir informações falsas, supostas, dúbias ou vagas.
7) Não permitir notícias sobre movimentos operários e greves.
8) Não permitir aos cassados escrever sobre política.
9) Não publicar os nomes dos cassados a fim de não colocá-los em evidência, mesmo quando se trate de reuniões sociais, batizados, banquetes, festas de formatura. A prisão dos cassados poderá ser noticiada, desde que confirmada oficialmente.
10) Não publicar notícias sobre atos de terrorismo, explosão de bombas, assaltos a bancos, roubos de dinamite, roubos de armas, existência, formação ou preparação de guerrilhas em qualquer ponto do território nacional, ou sobre movimentos subversivos, mesmo quando se trate de fato consumado e provado.

 Ass.: general Silvio Correia de Andrade.

---

* Fonte: Kushnir, 1999:108-109.

Anexo 4

Emissoras de rádio e de televisão existentes no Brasil, segundo dados do IBGE e do Ministério das Comunicações*

	IBGE 1961	MC 1961	IBGE 1972	MC 1972	IBGE 1978	MC 1978	IBGE 1983	MC 1983	IBGE 1985	MC 1985	IBGE 1988	MC 1988	IBGE 1993	MC 1993
Ondas médias (OM)	637	–	820	870	842	910	–	1.067	1.114	–	–	1.202	–	1.569
Ondas tropicais (OT)	68	–	93	102	113	99	–	90	81	–	–	76	–	82
Ondas curtas (OC)	72	–	59	98	25	–	–	35	57	–	–	28	–	32
Freqüência modulada (FM)	26	–	32	101	87	213	–	335	419	–	–	586	–	1.247
Geradoras de TV	23	–	63	83	95	115	119	116	143	–	–	152	–	257
Retransmissoras de TV	–	–	–	–	–	–	–	4.048	–	–	–	–	–	–

* Fontes: Do IBGE: coleção do *Anuário Estatístico do IBGE*, baseado em dados do Ministério da Educação e Cultura; do Ministério das Comunicações: Tuma (1972), Oliveira (1978), Mattos (1983), Napoleão (1993).

Esta obra foi impressa pela
Armazém das Letras Gráfica e Editora Ltda. em papel
off set Primapress para a Editora FGV
em março de 2007.